99 × MÜNCHEN

wie Sie es noch nicht kennen

Christine Metzger
Franz Marc Frei

 BRUCKMANN

Inhalt

Der Nordwesten

Der Süden

Maxvorstadt, Isarvorstadt, Lehel

Ludwigsvorstadt – Schwabing

Östlich der Isar

Vorwort

Der Mensch ist ein seltsames Wesen. Als »homo touristicus« quetscht er sich stundenlang in enge Flugzeugsitze, um in fernen Ländern Neues kennenzulernen, und in der eigenen Stadt macht er's wie das liebe Vieh: Er folgt den Pfaden, die er sich getrampelt hat. Woran liegt das? Man kann die Antwort in der Schublade mit der Küchenpsychologie suchen und sagen: Der Begriff Heimat impliziert das Gefühl sich auszukennen. Sprich, man ist vertraut mit dem eigenen Viertel, läuft seine Wege in der Innenstadt ab, die Fahrt zur Arbeit, der Spaziergang im Park um die Ecke – Alltagsroutine. Das Entdecken von Neuem trägt das Etikett »Urlaub«, die Heimat birgt nichts Unbekanntes.

Denkt man. Stimmt aber nicht. Machen Sie den Test: Wo steht in München eine Eiserne Jungfrau? Was sagt Ihnen der Name Therese von Bayern? Wo liegt die einzige natürliche Erhebung in der Schotterebene, und warum steht ein Kreuz auf dem Berg im Luitpoldpark? Wo kann man im Stadtgebiet fangfrischen Karpfen kaufen und Stierhoden essen? Welches Gebäude mitten in der Stadt sieht aus wie ein Bauernhaus und kommt nicht vom Land? Wo trägt der Friedensengel einen Minirock, und wie sah Mozart wirklich aus? Waren Sie mal im Kabinettsgarten? Kennen Sie die Blutenburger Madonna?

Unbekanntes entdecken, scheinbar Bekanntes mit neuen Augen sehen – dazu will dieses Buch verführen. Gehen Sie auf Abenteuerreise – die Sitze der öffentlichen Verkehrsmittel sind bequemer als die im Flieger. Die Einladung gilt natürlich auch für Besucher der Stadt, die den ewig gleichen Pfaden von Sehenswürdigkeit zu Sehenswürdigkeit folgen, ohne zu wissen, dass am Wegrand so manches Kleinod liegt, das im klassischen Reiseführer keinen Platz fand.

Viel Spaß auf neuen Wegen!
Christine Metzger

Ein Münchner Kindl – vom Rathaus ins Platzl

Er sagte gern, er sei »der höchste Münchner«, und diese Stellung kann ihm bis heute niemand streitig machen. Wer steht schon Tag und Nacht auf 85 Metern Höhe und blickt über die Stadt? Das Münchner Kindl auf dem Rathausturm natürlich. Und das wurde nach einem realen Vorbild geschaffen.

Der Schwabinger Bildhauer Anton Schmid konnte in den Familienfundus greifen, als er 1905 ein Modell für die Figur des Münchner Kindls suchte: Sohn Ludwig musste antreten. Stundenlang stillstehen mit ausgebreiteten Armen – das war kein Zuckerschlecken für einen Neunjährigen. Mit diesem Auftritt war nach des Vaters Willen die künstlerische Karriere des Filius beendet. »Einer reicht zum Hungerleider – und du wirst ein Koch«, sprach er und schickte seinen ältesten Sohn 1909 in die Konditorlehre. Ludwig fügte sich nicht nur, er machte Karriere und brachte es zum Koch in der Hofküche des Kronprinzen Rupprecht, freilich ein Job ohne Zukunftsaussichten, denn 1918 war es aus mit der Monarchie. Aber da hatte sich der junge Mann bereits anders orientiert und seine Leidenschaft fürs Theater entdeckt. Aus dem Schmid wurde der Schmid-Wildy, aus dem Koch ein Schauspieler, Regisseur, Drehbuchschreiber, Filmemacher.

Mit dem Fernsehen wurde der begnadete Komödiant in ganz Bayern bekannt, und in München leitete er von 1953 bis 1973 das Platzl, eine durch den Weiß Ferdl bekannt gewordene Volkssängerbühne. Die Tradition dieser Bühnen fortzuführen – 1905 gab es deren 80, auf denen über 800 hauptamtlich registrierte Volkssänger auftraten –, war Schmid-Wildy ein Anliegen. Viele der Laienschauspieler, die er entdeckte und ausbildete, wurden zu bekannten Größen. Ludwig Schmid-Wildy starb 1982, als Münchner Kindl wacht er noch immer über die Stadt.

Es gibt im Rathausturm noch ein Münchner Kindl, aber das sieht man nur, wenn es schlafen geht. Um 21 Uhr tritt es neben dem Glockenspiel aus dem Erker und geht, geleitet von Engel und Nachtwächter, ins Bett.

Münchner Kindl · Rathausturm Neues Rathaus · Marienplatz · Altstadt · Haltestelle: U/S Marienplatz

Julia – Busenwunder sorgt für Liebesglück

Verliebte in München haben die Wahl: Sie können mit der Zeit gehen und ein Liebesschloss an der Thalkirchener Brücke aufhängen. Ein Klick, ein Kuss, Schlüssel ins Wasser und der Treueschwur ist besiegelt. Altmodischer, aber nicht weniger romantisch ist der Besuch bei Julia.

Mag sein, dass viele Frauen den Ritus mit dem geschlechtsneutralen Schloss vorziehen. Denn Julia ist eine hübsche barbusige Konkurrenz, und es besteht die Gefahr, dass sich der Erwählte als Busengrapscher entpuppt. Doch keine Scheu, Mädels! Einfach mit Hand anlegen, wenn beide Julias Busen berühren, bringt das Glück. Die Blumen, die Julia für ihren Beistand verdient, gibt's an einem der Standl vor dem Alten Rathaus.

Romeo und Julia – jeder kennt die Geschichte: Zwei junge Leute aus den verfeindeten Sippen Montague und Capulet verlieben sich und werden heimlich getraut. Dann muss er fliehen, sie nimmt einen Schlaftrunk, um der Zwangsverheiratung durch die Eltern zu entgehen. Der Brief, in dem Romeo über das Täuschungsmanöver informiert wird, geht verloren. Stattdessen erfährt er von ihrem Tod, kehrt zurück und vergiftet sich neben Julias »Leichnam«. Kurz darauf erwacht sie und erdolcht sich. Über dem Grab der Kinder kommt es zur Versöhnung der seit Generationen in Fehde liegenden Familien.

▶ **Wenn der Treueschwur hält und es ernst wird: Der schönste Ort zum »Ja«-Sagen in München liegt in der Mandlstraße 14 in Schwabing. Das Standesamt ist in einer alten klassizistischen Villa untergebracht.**

Die Tragödie, die alle Elemente enthält, die ein Liebesdrama braucht, schrieb William Shakespeare 1597. Ort der Handlung ist Verona. Ein englischer Autor, ein italienischer Schauplatz – was macht die spärlich bekleidete Julia im kalten München? Ganz einfach: Verona gehört zu den sieben Partnerstädten Münchens. Die Kopie der Bronzestatue von Nereo Costantini (1905–1969) kam 1974 als Geschenk der Sparkasse Verona, Vicenza und Belluno an die Isar.

Julia-Statue · Marienplatz, Südwestecke des Alten Rathauses · Altstadt · Haltestelle: U/S Marienplatz

03 Hut ab, wenn ein Papst geht

Die Zeit, in der die Christenheit ohne Papst ist, nennt man »Sedisvakanz«, den »leeren Stuhl«. Seinen Sessel muss der Petrus im Alten Peter nicht räumen – er darf sitzen bleiben. Aber die Kopfbedeckung wird ihm abgenommen, erst wenn in Rom weißer Rauch aufsteigt, bekommt er sie wieder.

Benedikt XVI., ehemals Erzbischof von München und Freising, hat's vorgemacht: Auch ein Papst kann seinen Hut nehmen. Geschieht dies oder stirbt der höchste kirchliche Würdenträger, hat das auch für die Petrusfigur in München im Alten Peter Konsequenzen. Die ist ein Werk von Erasmus Grasser, das er 1517, ein Jahr vor seinem Tod, fertigstellte. Grasser war ein genialer und auch finanziell erfolgreicher Künstler, er starb als einer der reichsten Bürger der Stadt, allein für seine Moriskentänzer erhielt er ein Honorar, mit dem er 1000 Schafe hätte kaufen können.

Als älteste Pfarrkirche Münchens musste Sankt Peter im Lauf ihrer Geschichte viele Veränderungen über sich ergehen lassen. Der Tradition, die besten Künstler der jeweiligen Zeit zu engagieren, blieb man dabei treu, und so erhielt 1730 Egid Quirin Asam den Auftrag, die vier Kirchenväter für den neuen Hochaltar zu schaffen. Aus dem alten sollte nur die Petrusfigur übernommen werden. Doch als der Altar fertig war, merkte man, dass Grassers Figur viel zu klein war für die neue Pracht. So mickrig konnte der wichtigste Mann nicht auftreten. Was tun? Ein Hut für den Stellvertreter Gottes musste her, natürlich kein gewöhnlicher, sondern eine Tiara, die dreifache Papstkrone. Seit 1963 gehört sie in Rom nicht mehr zum Zeremoniell, die Mitra hat sie ersetzt. Nur in München wird Sankt Peter nach wie vor mit der Tiara gekrönt, wenn ein neuer Papst gewählt ist.

▶ **Jedes gehobene Souvenirgeschäft führt Kopien der Moriskentänzer von Erasmus Grasser. Wie grandios die Figuren sind, kann man im Stadtmuseum am St.-Jakobs-Platz sehen, dort werden die Originale gezeigt (Di–So 10–18 Uhr).**

ALII
FIDES

NACH GARTAM
K. MANNINGER
1897

Prügel für den Breznreiter

Sie gehört ins Brotkörberl auf dem Wirtshaustisch. Sie liegt neben Weißwurst und Senf auf dem Teller und hat als Bäckersymbol in Wappen oder auf Zunftkrügen ihren festen Platz. Die Brezn darf bei keinem Volksfest fehlen – was aber tut sie im Deckenfresko der Heiliggeistkirche?

Dort hat Cosmas Damian Asam sie 1727 verewigt: Ein geduckter Mann mit markanten Gesichtszügen hält mit festem Griff eine Brezn in der Hand, über ihm ist der Kopf eines Schimmels zu sehen. Derjenige, der den beiden den Rücken zuwendet und mit ausgestrecktem Arm ins Bild schreitet, ist der Breznreiter. Wäre das Ganze ein Comic, müsste in der Sprechblase stehen: »Ihr jung und alte Leut, geht's hin zum Heiligen Geist, wo man die Wadler Pretzen ausgeit!«

Das Deckenfresko thematisiert die Gründung des Heiliggeistspitals (1207), das sich der Krankenpflege und der Versorgung durchziehender Pilger annahm und von den wohlhabenden Münchner Bürgern unterstützt wurde. Im Juli 1318 stiftete das Ehepaar Wadler 63 Pfund Pfennige für die Armenspeisung, drei Pfund sollten für eine jährliche Breznspende Verwendung finden. Anders als heute waren Brezn damals etwas Besonderes, eine Fasten- und Festtagsspeise aus feinem, teurem Weizenmehl. Kein Wunder, dass die Münchner den Mann freudig erwarteten, der am 27. Dezember nachts auf seinem Schimmel durch die Stadt zog, bereits einige Brezn verteilte und verkündete, dass weitere am nächsten Tag im Heiliggeistspital abgeholt werden konnten. Der Termin wurde später verlegt, die Wadlerspende gab es bis 1801. Da hatte der Reiter wohl zu wenige Brezn dabei, die darüber Erzürnten zogen ihn vom Pferd und verprügelten ihn. Das war's dann, der Brauch wurde verboten.

▶ **Über 200 Jahre lang war der Brauch vergessen, seit 2007 tritt der Breznreiter in historisch korrekter Form am Stadtgeburtstag (Mitte Juni) wieder auf. Nicht prügeln, er hat genug Brezn dabei!**

Breznreiter · Im zentralen Deckenfresko der Heiliggeistkirche · 8.30–19 Uhr · Prälat-Miller-Weg 3 Altstadt · Haltestelle: U/S Marienplatz

»Café Frischhut« – Ausgezogen, aber nicht nackert

Wenn in der Gastronomie Schmalz zum Einsatz kommt, kann man sich ganz auf seine Nase verlassen: Riecht's ranzig, nix wie raus. In der »Schmalznudel« duftet es nur nach Kaffee. Und es brutzelt. Im heißen Butterschmalz tanzen die Ausgezogenen, schwimmen Krapfen und die länglichen Stritzerl. Erst sind sie blass wie der eierreiche Hefeteig, dann, nach dem Wenden, leuchten sie goldbraun. Hier kann man zuschauen, wie der Konditor die Hefeteiglinge zieht – was so einfach aussieht, ist eine hohe Kunst. Ausgezogene müssen im Zentrum ganz dünn und außen wulstig sein. Frischer und köstlicher kann man sie nicht bekommen, und in dem altmodischen Café sitzt man auch noch gemütlich.

»Café Frischhut«, vulgo »Schmalznudel« · Mo–Sa 7–18 Uhr · Prälat-Zistl-Str. 8 · Altstadt
Tel. 089/26 02 31 56 · Haltestelle: S/U Marienplatz

In memoriam Siegestor

Meist geht man an dieser Gasse vorbei – den Sankt-Jakobs-Platz im Rücken, die Schrannenhalle mit ihren verlockenden kulinarischen Angeboten schon vor Augen. Dabei lohnt es sich, vor dem Sebastiansplatz links in die Nieserstraße abzubiegen. Denn dort versteckt sich auf 750 Quadratmetern Fläche ein Stück Schwabing: Die Künstlerin Gabriele Henkel hat 1995 ein Lapidarium errichtet, also eine Sammlung von Steinen und Skulpturen. Die »schönen Reste« – unter anderem Konsolen, Gesimse und Reliefe – stammen vom Siegestor, das bei einem Bombenangriff im Juli 1944 schwer beschädigt wurde. Besonders eindrucksvoll wirkt das Arrangement nachts, die Objekte werden von unten angestrahlt.

Lapidarium Nieserstraße · Zwischen Sebastiansplatz und Rosental · Altstadt
Haltestelle: U/S Marienplatz

07 Ohrwaschl und Himmelsleiter

Mediziner sprechen von Concha auricularis. Für Architekten sind sie halbierte, ans Nachbarhaus grenzende Zwerchgiebel. Den Eltern dienten sie früher als Erziehungsmittel: Die Drohung, dem Nachwuchs »die Ohrwaschl lang zu ziehen« signalisierte eindeutig, dass die Toleranzgrenze erreicht war.

Das Haus Nummer 7 am Sebastiansplatz zeigt, wie trefflich der Begriff gewählt ist. Hier blieb ein Bau mit zwei Halbgauben erhalten, und die wirken tatsächlich wie Ohren – vielleicht nicht unbedingt wie menschliche, aber schließlich haben auch Füchse und andere Tiere Ohrmuscheln.

Ohrwaschl sind typisch für Münchner Häuser, die im Mittelalter erbaut wurden, und sie dienten einem Zweck: An herausragenden Balken wurden mit einer Seilwinde Waren nach oben gezogen. Ebenfalls typisch für die Zeit war die Himmelsleiter, die zentrale Treppe, die Thomas Mann in den *Buddenbrooks* beschreibt: »Ein ganz merkwürdiges, altes Haus, mit einer schmalen Treppe, die gleich hinter der Haustür schnurgerade und ohne Absatz und Biegung wie eine Himmelsleiter in den ersten Stock hinanführte, woselbst man erst nach beiden Seiten über den Korridor zurückschreitend zu den nach vorn gelegenen Zimmern gelangte.«

▶ **Im früheren »Weinstadl«** (das heute »Hofer« heißt) in der Burgstr. 5 kann man unter gotischen Gewölben, im Laubenhof oder in der Stadtschreiberei bayerisch-österreichische Küche genießen.

Die Häuser an der Nordostseite des Sebastiansplatzes aus dem 15. und 16. Jahrhundert gehören zu den wenigen in der Altstadt erhaltenen profanen Bauten aus dem späten Mittelalter. Ohrwaschl kann man auch im »Weinstadl«, der ehemaligen Stadtschreiberei (1552), an der Burgstraße 5 sehen. Eine öffentlich zugängliche Himmelsleiter befindet sich in der Sterneckerstraße 2, in einem Haus, das um 1340 errichtet und in den folgenden Jahrhunderten sukzessive erweitert wurde. Heute ist dort das Bier- und Oktoberfestmuseum untergebracht.

Sebastiansplatz, Nordseite · Altstadt · Haltestelle: U/S Marienplatz
Bier- und Oktoberfestmuseum · Di–Sa 13–18 · Uhr · Sterneckerstr. 2 · Altstadt
Tel. 089/24 23 16 07 · www.bier-und-oktoberfestmuseum.de · Haltestelle: S Isartor

Typisch München!
Zamperl Waldi

Ob reinrassig oder »Stiagnglanda« – also ein im Treppenhaus gezeugtes gemischtes Produkt der Liebe – die bairische Bezeichnung Zamperl gilt für alle Hunde. Sofern sie ungefährlich und niedlich sind und ihr Zweck allein darin besteht, den Menschen als Freund und Begleiter zu erfreuen.

Gebrauchshunde und große Exemplare fallen aus diesem Raster. Schließlich kommt »Zamperl« vom italienischen »Zampa« (Pfote), und da kann sich ein Hund, der einem mit der Pranke auf die Schulter schlägt, nicht qualifizieren. Der schwarzhaarige Kurzhaardackel aber passt perfekt ins Bild. Als »Bierdackel« gehörte er noch in den 1960er-Jahren an die Seite des »typischen« Münchners. Damals bereitete die Stadt sich auf die Olympischen Spiele 1972 vor. Es waren die ersten, die Deutschland nach dem Krieg ausrichtete, und die Veranstalter waren sich dieser Verantwortung bewusst. Nichts sollte an die martialische Veranstaltung von 1936 erinnern, die Hitler für seine Propagandazwecke genutzt hatte.

Die Gestaltungsrichtlinien – von den Piktogrammen über die Uniformen bis zu den Eintrittskarten – entwickelte Otl Aicher, einer der Wegbereiter des Corporate Design. Heute hat jedes Wellnesshotel seine »Corporate Identity«, damals war die bis ins kleinste Detail einheitliche grafische Komposition ein Novum. Aicher war auch der Erste, der ein Maskottchen für Olympische Spiele entwickelte. Typisch, liebenswert,

▶ **Der Besuch des Museumsshops des Stadtmuseums servus.heimat lohnt sich auch für Einheimische, die keine Souvenirs suchen: Authentisches, nett präsentiert, gute Auswahl an Literatur über München, CDs etc.**

keine belastende Vergangenheit als Wappentier – die Wahl fiel auf den Dackel. Gestaltet in den offiziellen olympischen Farben – Blau-, Grün- und Gelbtönen –, trat »Waldi« als Werbe- und Sympathieträger auf, ein Zamperl, dessen Charme man nicht widerstehen kann. Waldi ist in die Jahre gekommen. Aber er hat ein gutes Plätzchen gefunden – im Stadtmuseum.

Stadtmuseum, Dauerausstellung »Typisch München!« · Di–So 10–18 Uhr · St.-Jakobs-Platz 1
Altstadt · Tel. 089/23 32 23 70 · www.muenchner-stadtmuseum.de · Haltestelle: U/S Marienplatz

Dreh- und Angelpunkt – die Schraube

Stock-, Terrassen-, Justierschrauben. Halbrund-, Linsensenk- oder Senkholzschrauben. Bohrschrauben mit Rippensenkkopf, gewindefurchende Schrauben. Sicherheitsschrauben, Spanplattenschrauben – Edelstahl oder verzinkt? Wer blickt da noch durch? Die Fachkräfte beim Schrauben-Preisinger.

Wer gewohnt ist, in Baumärkten hinter Männern herzulaufen, die perfekt in der Kunst der Kundenabwehr ausgebildet sind, wird die Wartezeiten beim Schrauben-Preisinger gern in Kauf nehmen. Hobby-Heimwerker und Profis in Arbeitsoveralls stehen diszipliniert in der Schlange – wie die zu verlaufen hat, zeigt ein roter Pfeil auf einem handgeschriebenen Schild. »Bitte nur in einer Reihe« steht da, das »einer« ist zweimal unterstrichen. Die Atmosphäre ist ruhig und konzentriert. Schließlich finden hier ernsthafte Beratungsgespräche rund um die Schraube statt. Nur manchmal, wenn ein Kunde ein technisches Problem anspricht, diskutieren die Wartenden mit und sparen nicht mit Ratschlägen. Die Verkäufer sind Männer, der überwiegende Teil der Käufer ebenso. Aber auch Frauen werden respektvoll und sachkundig beraten. Es scheint, als verleihe ihnen allein die Tatsache, dass sie es wagen, diesen testosterongeschwängerten Ort zu betreten, den Heimwerker-Ritterschlag.

Der Verkaufsraum ist klein, da wird keine Ware zur Schau gestellt oder beworben. Weitaus größer das einsehbare Lager, in dem der Verkäufer nach dem Kundengespräch verschwindet und nach erstaunlich kurzer Zeit mit dem gewünschten Artikel zurückkehrt. Das Ordnungssystem haben die Mitarbeiter im Kopf – und das bei 40 000 Artikeln. Seit 1921 gibt es den Schrauben-Preisinger schon – der Familienbetrieb konnte sich in Bestlage unweit vom Viktualienmarkt halten, während andere Fachgeschäfte längst verschwunden sind. Das Erfolgsgeheimnis? Kompetenz, Sortiment und eine Kleinigkeit: Wer eine Schraube braucht, muss nicht 30 in der Plastikbox kaufen. Er erhält eine, überreicht in einem Papiertütchen.

Schrauben-Preisinger · Mo–Do 8–17, Fr 8–16 Uhr · Utzschneiderstr. 5 · Ludwigsvorstadt-Isarvorstadt/Gärtnerplatz · Tel. 089/236 84 60 · www.schrauben-preisinger.de
Haltestelle: S Isartor

10 Gegen alles ist ein Kraut gewachsen

Auf den ersten Blick scheint es, als habe einer, der die Kunst des Jodelns ausübt, nichts gemein mit einem Professor. Und doch gehören beide Berufsgruppen zur Klientel des Wurzel-Sepps. Denn – ob dozieren oder von der Brust- in die Falsettstimme wechseln – die Atemwege wollen gepflegt sein.

Und da kennt der Wurzel-Sepp sich aus und fertigt für jeden das rechte Getränk: Der »Jodlertee« zur Pflege des Halses enthält Stockrosenblüten, Salbeiblätter, Riesengoldrute, Vogelknöterich, Königskerzenblüten, Vogelbeeren, Bibernellwurzel, Holunderbeeren, Echtes Labkraut und Johanniskraut. Der »Professorentee« zur Pflege der Atemwege besteht aus Silbermantel, Hohlzahn, Nelkenwurz, Pfefferminze, Schlüsselblume, Kapuzinerkresse, Quecke, Anserine und Spitzwegerich.

Wie alle Mischungen, die hier gegen jedes erdenkliche Zipperlein angeboten werden, werden auch diese beiden Tees nach Rezepturen gemixt, die seit Generationen überliefert sind. Den »Original Oberbayerischen Kräuter- und Wurzel-Sepp« in der Blumenstraße gibt es schon seit 1887, er ist das älteste deutsche Spezialgeschäft für Heilkräuter, vegetabile Drogen, Diätetik und Naturkosmetik.

▶ **Der Wurzel-Sepp ist auch ein Dorado für Hobbyköche. Hier findet man sämtliche Gewürze von Anis bis Zitronengras sowie Gewürzmischungen für Lebkuchen und vieles andere mehr – auch in kleinen Mengen.**

Altmodisch wirkt der Laden auch von außen, kein Neon, kein Chichi. Öffnet man die Tür, übernimmt die Nase die Regie und schwelgt in Erinnerung an Waldspaziergänge und Kräutergärten. Dann erfreut sich das Auge: Da ist noch eine alte Waage in Betrieb, in den Regalen stehen Holzfässer, die speziell für die Lagerung von Kräutern angefertigt wurden. Die ist artgerecht, wenn das Behältnis kein Licht durchlässt, aber atmungsaktiv ist. Neben rund 400 Kräutern – von Abbisskraut bis Zistrose – führt der Wurzel-Sepp Säfte, Öle, Balsame, Kosmetika, Bonbons, Honig und Marmelade und Tees.

Wilhelm Lindig Kräuterparadies · Mo–Fr 9–18.30, Sa 9–13 Uhr · Blumenstr. 15 · Altstadt
www.phytofit.de · Haltestelle: U Sendlinger Tor

Nostalgie pur – die Fahrt mit dem Paternoster

Eigentlich sollte 2004 das endgültige Aus kommen. Doch da regte sich Widerstand. Wo? In München. Dort wurde der »Verein zur Rettung der letzten Personenumlaufaufzüge« gegründet, und ihm verdanken wir, dass wir uns noch immer dem Vergnügen einer Paternosterfahrt hingeben können.

Dieses Erlebnis ist nur im Alten Technischen Rathaus möglich, dort dreht der einzige allgemein zugängliche Paternoster seine Runden. Im Volksmund heißt das 1929 fertiggestellte 45,5 Meter hohe Gebäude noch immer »das Hochhaus«, obwohl inzwischen viel höhere Bauten das Stadtbild prägen. Aber dies war das erste Bauvorhaben, das die bis heute anhaltende Hochhausdiskussion auslöste. Bereits im Vorfeld kam es zu heftigen Auseinandersetzungen darüber, ob München aussehen wolle »wie Amerika«, 1921 beschloss der Stadtrat, Bauten zu erlauben, die nicht höher als die Frauenkirche sind.

Das ehemalige Technische Rathaus ist Sitz des Baureferats und dessen Mitarbeiter, zu deren täglicher Routine das Paternosterfahren gehört, setzen ihre Schritte sicher. Dem »Erstbesteiger« verlangt es einige Konzentration ab, den Fuß genau dann vom Boden zu lösen, wenn Flur und Kabinenunterkante für einen kurzen Moment eine plane Ebene bilden. Ein besonderes Kribbeln im Bauch stellt sich ein, wenn man die Fahrt über die Wendepunkte mitmacht, die Heinrich Böll in *Doktor Murkes gesammeltes Schweigen* beschreibt: »Und jedes Mal befiel ihn Angst, wenn die Plattform der Aufzugskabine sich über den Flur des fünften Stockwerks hinweg erhob, die Kabine sich knirschend in den Leerraum schob, wo geölte Ketten, mit Fett beschmierte Stangen, ächzendes Eisenwerk die Kabine aus der Aufwärts- in die Abwärtsrichtung schoben.«

▶ **Seit 1900 werden im Marionettentheater (Blumenstr. 32) Stücke für Kinder und Erwachsene aufgeführt. Es war das erste Haus, das den bis dahin umherziehenden Puppenspielern eine feste Bleibe bot.**

Altes Technisches Rathaus · Mo–Fr 8.30–18 Uhr · Blumenstr. 28b · Altstadt
Haltestelle: U Sendlinger Tor

Ein Palast für die Mode

Es gibt Fleckchen, sogar mitten in der Innenstadt, wo man nie zufällig landet. Weil schnellere Wege zum Ziel führen, weil keine Geschäfte, Kneipen oder Restaurants anrainen. Und weil schlichtweg niemand weiß, dass es dort abseits der Trampelpfade Interessantes zu entdecken gibt.

So ein Dasein im Abseits fristet der Rossmarkt. Die Fußgänger spazieren über den Oberanger auf der westlichen Seite, wo es was zum Schauen gibt, oder sitzen auf dem neu angelegten Grünstreifen in der Sonne. Keiner quert die Straße, durchschreitet den gemauerten Bogen, um in den Hof des Kommunalreferats zu treten. Nicht mal Tierschützer finden den Weg hierher, obwohl Handlungsbedarf bestünde. Offensichtlich macht sich keiner Gedanken über die Befindlichkeit der beiden Pferde, die dort stehen, von der Außenwelt abgeschirmt durch Beton und Backstein, und nichts anderes sehen als städtische Beamte, die in ihre Arbeitsstätte treten.

Hätte man die beiden bronzenen Tiere etwas weiter südlich platziert, wäre ihr Eindruck von der Welt ein anderer. Lachen und Diskussionen würden sie hören, junge, modern gekleidete Menschen sehen, und immer wenn die schwere hölzerne Tür des Palais' aufgeht, könnten sie einen Blick in dessen Halle werfen. Der lohnt besonders in der Adventszeit: Der Christbaum der Deutschen Meisterschule für Mode ist immer sehr ausgefallen und geschmackvoll geschmückt.

Die Meisterschule wurde 1931 gegründet und residiert in einem prächtigen Spätrokokopalast, der nach den Entwürfen von François Cuvilliés d. J. ab 1774 erbaut wurde. Eigentlich war er als Versammlungsort für die bayerischen Landstände, die Vertreter von Adel, Klerus und Kommunen, gedacht, doch diesen Zweck erfüllte der Bau nie – der mächtige Minister Montgelas sorgte 1808 für die Abschaffung des Gremiums.

Ach ja, die armen, nicht artgerecht gehaltenen Pferde: Sie stehen da, weil auf dem Platz bis 1805 der Rossmarkt abgehalten wurde.

Bronzepferde von Claus Nageler (1982) · Rossmarkt 3 · Altstadt
Deutsche Meisterschule für Mode · Rossmarkt 15 · Altstadt
www.meisterschule-fuer-mode.de · Haltestelle: U Sendlinger Tor

Vom Kreißsaal zur Eventlocation

In Reiseführern taucht die Sonnenstraße unter »Nachtleben« als »Feierbanane« auf, in der Rubrik »Sehenswürdigkeiten« findet die Hauptverkehrsader zwischen Stachus und Sendlinger-Tor-Platz keine Erwähnung. Dabei steht dort ein Gebäude, das durchaus Beachtung verdient: die Isar-Post.

Der Architekt des Prachtbaus ist auch an anderer Stelle prominent vertreten: Friedrich Bürklein lieferte die Entwürfe für die Gestaltung der Maximilianstraße, die unter Maximilian II. ab 1853 angelegt wurde. Der König, Sohn des bauwütigen Ludwig I., war im Zugzwang, dem Werk des Vaters etwas Eigenes entgegenzusetzen, und forderte eine »neue, natur- und zeitgemäße, volks- und ortseigentümliche … Baukunst«, bei der sich der Architekt »in voller Freiheit der verschiedenen Baustile und ihrer Ornamentik« bedienen solle. Was dabei herauskam, ist so ein Mischmasch, dass man den Stil einfach den maximilianischen nennt. Als dessen Prototyp galt die »gotische« Fassade mit der Terrakottaverkleidung, die das Bauwerk an der Sonnenstraße schmückt. Das Postscheckamt, dem das Gebäude seinen Namen verdankt, zog erst ab 1916 ein und veränderte die Räumlichkeiten nach seinen Bedürfnissen. Welchem Zweck der imposante, 1856 fertiggestellte Bau ursprünglich diente, wissen heute nur wenige: Es war eine Gebäranstalt, in der mittellose Frauen ihre Kinder kostenlos und heimlich zur Welt bringen konnten. Letzteres schätzten besonders die ledigen Frauen, deren Zahl damals Legion war: Durch Zuzug aus der Provinz und Eingemeindung der Vorstädte war die Stadtbevölkerung von 1810 bis 1858 von 40 000 auf über 120 000 gewachsen, die meisten Zuwanderer besaßen kein Bürgerrecht und konnten ohne Sondererlaubnis nicht mal heiraten – kein Wunder, dass die Kinder unehelich geboren wurden.

▶ **In der Halle befindet sich das »Café Isar-Post & Bar«. Nachts wird der Raum zur »Eventlocation 8 Seasons«. Ist die Party vorbei, kommen die Familien zum Sonntagsbrunch (10–15 Uhr), www.8-seasons.com.**

Isar-Post · Sonnenstr. 24–26 · Altstadt · Tel. 089/24 29 44 44 · www.isar-post.de
Haltestelle: U Sendlinger Tor

Literatur hinter dem Rücken der Kirche

»München war damals eine Kunststadt; weniger eine literarische Stadt, die Schriftsteller zählten nicht so viel. So wurde mein Mann, wenn er in ein Geschäft ging, immer ›Herr Kunstmaler‹ genannt.« Das mag ihn getroffen haben, denn der Gatte von Katia Mann war kein Geringerer als Thomas Mann.

Als er 1905 Katia Pringsheim heiratete, war sein Roman *Buddenbrooks*, für den er 1929 den Nobelpreis erhalten sollte, bereits erschienen, und er hätte eine korrekte Anrede verdient. Auch der erste deutsche Literaturnobelpreisträger lebte übrigens in München: Paul Heyse. Katia Mann beschreibt ihn in *Meine ungeschriebenen Memoiren* als »sehr eitlen Menschen«, und es trifft ihn posthum sicher schwer, dass man heute mit seinem Namen nur noch eine hässliche Unterführung assoziiert.

Zur Literaturstadt wurde München in den 1920er-Jahren, als die Boheme in Schwabing dichtete und feierte. Auch nach dem Zweiten Weltkrieg wirkte die Stadt anziehend für viele durch den Krieg entwurzelte deutsche Schriftsteller. Heute ist München – nach New York – die weltweit größte Verlagsstadt, und seit 1997 haben alle, die hier schreiben oder dem Literaturbetrieb nahe sein wollen, einen festen Anlaufpunkt: das Literaturhaus. Es war einst Markthalle, dann Schulhaus und wurde von den Architekten Kiessler+Partner beispielhaft für seine neue Funktion umgestaltet. Die ehemalige Turnhalle, in der auch Lesungen stattfinden, beherbergt heute die Bibliothek, und besonders geglückt ist die Aufstockung des Hauses: Unter dem Dach entstand ein großer Saal mit Foyer, durch die Glaswände bietet sich ein großartiger Blick auf die Theatinerkirche, die sich, zum Greifen nah, mal von der Rückseite betrachten lässt.

Übrigens: Der ausgestopfte Bär, der die Besucher im dritten Stock empfängt, ist ein alter Bekannter von Katia Mann. Er stand im Treppenhaus der Villa in der Poschinger Straße in Bogenhausen, in der die Familie lebte, bis sie 1933 vor den Nationalsozialisten fliehen musste.

Literaturhaus · regelmäßig Ausstellungen und Lesungen · Mo–Fr 11–19, Sa, So 10–18 Uhr
Salvatorplatz 1 · Altstadt · Tel. 089/291 93 40 · www.literaturhaus-muenchen.de
Haltestelle: U Odeonsplatz

Wortklauberei am Bodendenkmal

Das Denkmal zeigt einen Körper, dessen Konturen von der Polizei mit Kreidestrichen markiert wurden. »Kurt Eisner, der am 8. November 1918 die Bayerische Republik ausrief, nachmaliger Ministerpräsident des Volksstaates Bayern, wurde an dieser Stelle am 21. Februar 1919 ermordet«, ist da zu lesen.

Eisner war der führende Kopf des nach der Novemberrevolution 1918 gebildeten Arbeiter-, Soldaten- und Bauernrats. Die Revolutionäre hatten die Macht nur kurz in der Hand, aber sie brachten entscheidende Fortschritte: So war Bayern das erste Land, in dem der Achtstundentag und das Frauenwahlrecht eingeführt wurden. »Die hundert Tage der Regierung Eisners haben mehr Ideen, mehr Freuden der Vernunft, mehr Belebung der Geister gebracht als die 50 Jahre vorher.« (Heinrich Mann)

Ein verdienter Mann also, aber die Bewohner der Alpenregion scheinen sich schwer zu tun mit dem Politiker, der verkündete: »Bayern ist fortan ein Freistaat.« Als Berliner Intellektueller, Jude und Sozialist will Eisner auch nicht so recht in die Reihe der bayerischen Ministerpräsidenten passen. Dass sein Mörder, ein rechtsnationaler Adeliger, nach ein paar Jahren Festungshaft amnestiert und wieder ehrenwertes Mitglied der völkischen Gesellschaft wurde, mag man verbuchen als »geschehen in finsteren Zeiten«. Aber die Geschichte hat ein Nachspiel nach 1945. Das Anbringen einer Gedenktafel am Montgelas-Palais scheiterte am Veto des Besitzers. Als eine Straße nach Eisner benannt werden sollte, war die CSU dagegen. Pikante Begründung: Die Gefühle der Witwe des Mörders könnten verletzt werden. 1988 beschloss die Stadt, am Tatort eine Bodenplatte einzulassen. Inschrift: »Kurt Eisner Begründer des Freistaates Bayern ...« Aber da schrie die staatstragende Partei wieder auf. Freistaat, das schöne Wort, das sie so gern benützt, um sich vom Rest der Republik abzugrenzen, in Verbindung mit einem Linken – nein. Und so kam's zum Kompromiss, der heute hier zu lesen ist: »Volksstaat«.

Bodendenkmal für Kurt Eisner · Einmündung der Kardinal-Faulhaber-Straße in den Promenadeplatz, auf dem Bürgersteig vor dem Palais Montgelas · Altstadt
Haltestelle: U/S Marienplatz, Tram 19 Theatinerstraße

KURT EISNER DER AM 8 NOVEMBER 1918
DIE BAYERISCHE REPUBLIK AUSRIEF
NACHMALIGER MINISTERPRÄSIDENT
DES VOLKSSTAATES BAYERN WURDE
AN DIESER STELLE AM 21 FEBRUAR 1919
ERMORDET

Die Schäffler und die Sage

Der Teufelstritt im Dom, der Affe, der den Prinzen, den späteren Kaiser Ludwig, aus der Wiege raubt und mit ihm über den Erker des Alten Hofs turnt – es gibt in München viele Stadtsagen, die als solche erkannt und mit einem Augenzwinkern erzählt werden.

Nur eine wird noch heute als historische Wahrheit verkauft. Alle sieben Jahre, wenn der Schäfflertanz stattfindet, taucht die Geschichte wieder auf: 1517 wütete die Pest in der Stadt, zahlreiche Menschen starben, keiner traute sich mehr vor die Tür, bis die Fassmacher tanzend durch die Straßen zogen und den Menschen neuen Lebensmut gaben.

Stimmt nicht. 1517 gab es keine Pest. Weder die Stadtchronik noch das Sterberegister liefern Anhaltspunkte für einen Ausbruch der Seuche. Fakt ist vielmehr, dass die »Gründungssage«, die den Tanz mit der Epidemie in Verbindung bringt, aus dem frühen 19. Jahrhundert stammt. In dem Buch *Münchner Schäfflertanz* schreibt der Volkskundler Günther Kapfhammer, der Tanz lasse sich »seit 1702 archivalisch, seit 1782 in der Literatur (Westenrieder) und lückenlos seit 1795 in Münchner Tageszeitungen nachweisen. Um oder vor 1825 ist die Pestmotivation offensichtlich herausgearbeitet worden«.

Bräuche zu erfinden und sie mit einer möglichst weit zurückliegenden Entstehungssage zu legitimieren, war im 19. Jahrhundert üblich. Der Tanz der Fassmacher gehörte damals neben dem Metzgersprung zu den bekanntesten Münchner Bräuchen – sogar in New Yorker Magazinen wurde darüber berichtet. Und der Gruselfaktor Pest, verbunden mit der Erlösung durch die mutigen Männer, war sicher werbewirksam. Aber heute? Der Schäfflertanz ist eine heitere, farbenfrohe Veranstaltung mit Blasmusik und Kasperln, die ihr Unwesen treiben. Die Männer in den leuchtend roten Jacken bilden mit ihren Buchsbaumreifen kunstvolle Figuren wie Kreuz, Schlange oder Krone – das sollte man doch auch genießen können, ohne die Pest zu bemühen.

Die Schäffler treten alle sieben Jahre auf (zwischen 6.1. und Faschingsdienstag, nächster Termin 2019). Aber: Sie sind alljährlich beim Einzug der Wiesnwirte dabei.
Im Rathaus-Glockenspiel kann man sie tägl. um 11, 12, März–Okt. zusätzlich um 17 Uhr sehen.

17 Früher denkmalwürdig, heute strafbar

Heute wäre Therese Schedlbauer aktenkundig, könnte sich vor Strafzetteln nicht retten und würde als »unbelehrbar« vom Gericht verurteilt werden wie jene Sendlingerin, die 2007 500 Euro Strafe wegen Taubenfütterns zahlen musste. Denn das ist seit 1996 im Stadtgebiet verboten.

Ende der 1950er-Jahre war das anders. Zwar feierte der Wiener Georg Kreisler damals mit dem Lied vom »Tauben vergiften im Park« seine ersten Erfolge, aber in München hielt man nichts vom Morden. Im Gegenteil: Anlässlich des 800. Stadtgeburtstags 1958 stiftete die Bayerische Vereinsbank einen Brunnen in Form einer Vogeltränke, über der auf einer Majolika-Säule das »Taubenmutterl« steht – naturgetreu von Josef Henselmann nachgebildet, mit gestrickter Rüschenhaube und weit ausgebreitetem Schurz.

Therese Schedlbauer lag damals schon 18 Jahre auf dem Waldfriedhof, aber in der Vorkriegszeit war sie ein stadtbekanntes Original. Bis zu 40 Futterplätze steuerte sie täglich an, ein Foto zeigt sie 1936 am Odeonsplatz.

▶ **Die Fünf Höfe bieten auch zeitgenössische Kunst: die *Hängenden* Gärten von Tita Giese in der Salvatorpassage und die Spiralkugel *Sphere* von Olafur Eliasson im Viscardihof.**

»Füttert seit 23 Jahren die Tauben aus eigenem Verdienst«, lautet die Überschrift. Ihr Denkmal steht heute im Amirahof, einer kleinen Oase in den Fünf Höfen. Da gibt es Sitzgelegenheiten, zwölf Platanen spenden Schatten – nur Tauben finden den Weg nicht hierher. Sie sind auch nicht erwünscht. Etwa 40 000 leben in München – von den einen als »fliegende Ratte« bezeichnet und gehasst, von den anderen heimlich gefüttert, weil »die armen Viecherl doch auch Hunger haben«. Wie auch immer, man wird sie nicht los, und so lautet die neueste Lösung: Taubenhäuser. Eines gibt es schon auf dem Kaufhaus an der Münchner Freiheit. Dort finden die Tiere einen Verschlag, werden artgerecht gefüttert und betrogen: Kaum gelegt, verschwinden ihre Eier und das Tauberl brütet Attrapperl.

Taubenmutterl · Amirahof /Amirapassage, Fünf Höfe · Altstadt · Eingang Salvatorstr. 3
Haltestelle: U/S Marienplatz

Spurenlese in der »Drückebergergasse«

Die beiden Löwen, die seit 1906 den Aufgang zur Feldherrnhalle flankieren, sind freundliche Exemplare ihrer Spezies. Aber auch sie konnten nicht verhindern, dass zu ihren Füßen Martialisches geschah und die Nationalsozialisten das Gebäude für ihre Propaganda missbrauchten.

Am 9. November 1923 brach Hitler mit seinen Anhängern vom »Bürgerbräukeller« in Haidhausen zum »Marsch nach Berlin« auf. Der endete früher als erwartet: An der Feldherrnhalle griff die Landespolizei ein und bereitete dem »Hitlerputsch« ein blutiges Ende. Bei dem Schusswechsel kamen vier Polizisten, ein Unbeteiligter und 15 Männer der braunen Kampfbundtruppe ums Leben. Hitler wurde zu einer kurzen Festungshaft verurteilt, was, wie wir wissen, seiner Karriere nicht schadete, sondern ihm vielmehr Gelegenheit gab, *Mein Kampf* zu schreiben. Obwohl der Putsch kläglich gescheitert war, setzte Hitler ihn zu Propagandazwecken ein und stilisierte die dabei getöteten Nazis zu Helden.

Diesen »Blutzeugen« errichteten die Nationalsozialisten am 9. November 1933 ein »Ehrenmal« an der Feldherrnhalle, an dem zwei SS-Männer als »ewige Wache« postiert wurden. Die sorgten dafür, dass jeder Passant den »Helden« Respekt erwies und die Hand zum Hitlergruß hob. Wer dies nicht wollte, musste dem Gewissen zuliebe einen kleinen Umweg in Kauf nehmen: Ging man durch die Viscardigasse auf die Theatinerstraße, kam man westlich und damit grußlos an der Feldherrnhalle vorbei. Im Volksmund hieß die Gasse damals die »Drückebergergasse«.

Seit 1995 markiert eine Spur den Schlenker derer, die ihrem Gewissen folgten. Auf 18 Metern Länge wurden die Pflastersteine entfernt und passgenau durch Bronzeelemente ersetzt. Der Künstler Bruno Wank nutzt dabei den Vorteil, den ein Bodendenkmal bietet: Es wird begangen. Mit jedem Schritt wird die Bronzefläche heller und – so die Idee von Wank – was fast vergessen war, kommt wieder zum Vorschein und in Erinnerung.

Viscardigasse · zwischen Residenz- und Theatinerstraße · Haltestelle: U Odeonsplatz

»Ich würde München gewiss Ehre machen«

Ich »habe müssen Probe ausstehen, wo viele Maestri vier bis fünf Stund gearbeitet und geschwitzt haben, ich habe es in einer Stund verfertiget. Das mag zur Zeugnis dienen, dass ich imstande bin, in einem jeden Hofe zu dienen; mein Wunsch ist aber, Euer Kurfürstlichen Durchlaucht zu dienen …«

Der 21-jährige Mozart gab sich alle Mühe bei diesem Vorstellungsgespräch in der Kleinen Ritterstube der Residenz im Jahr 1777. Aber es erging ihm wie manch einem, der heute Arbeit sucht. »Ja, das nutzt alles nicht«, sagte Kurfürst Max III., »es ist keine Vacatur da«. Neudeutsch: keine Planstelle frei. Auch unter dem Nachfolger Karl Theodor bekam Mozart keine feste Anstellung, erhielt aber – durch die Vermittlung der Mätresse des Kurfürsten – den Auftrag, eine Oper zu komponieren. 1781 fand die Uraufführung von *Idomeneo* im Cuvilliés-Theater statt.

Seit 2006 hat Mozart nun seinen festen Platz in der Residenz. In der Kleinen Ritterstube ist eine Plastik zu sehen, die ein völlig neues und authentisches Bild des Künstlers vermittelt: Nicht hager, mit scharfer Nase und Zopf, wie ihn das berühmte Porträt im Halbprofil aus dem Jahr 1819 zeigt, sondern als pausbäckigen Pummel. Mit nach hinten gekämmtem Haar, kleinem Mund und wenig markanten Zügen. Diese Büste wurde vermutlich vor 1805 im Auftrag Ludwigs I. gefertigt, der damals schon eine Ruhmeshalle für bedeutende Persönlichkeiten plante. Dass sie nie aufgestellt wurde und im Keller verstaubte, hat folgenden Grund: 1835 kam die Witwe nach München, und Constanze Mozart behauptete, ihren 1791 verblichenen Gatten in dieser Büste nicht zu erkennen. Richard Bauer, der dem Thema eine wissenschaftliche Arbeit widmete, vermutet, Constanze habe das öffentliche Bildnis ihres Mannes gezielt geschönt und idealisiert. Und da passte der Pummel nicht in den romantischen Geniekult des 19. Jahrhunderts. »Die Münchner Büste ist eine durch und durch ehrliche Rekonstruktion. Sie hat mehr Respekt verdient.«

Mozartbüste Residenz · 1. April–15. Okt. 9–18 Uhr, 16. Okt.–31. März 10–17 Uhr · Kleine Ritterstube
Residenzstr. 1 · Altstadt · www.residenz-muenchen.de · Haltestelle: U Odeonsplatz, S/U Marienplatz

20

Frühlingsboten im Kabinettsgarten der Residenz

Die Isarmetropole bezeichnet sich gern als »nördlichste Stadt Italiens«, aber oft schlägt das Wetter solche Kapriolen, dass Zweifel aufkommen, ob Petrus von dem Selbstbild der Münchner weiß. Wenn er entscheidet, dass endlich Frühling wird, gibt er ein Zeichen mitten in der Innenstadt.

Kein Gehölz setzt sich im Frühjahr spektakulärer in Szene als die Magnolie. Während andere Pflanzen zögernd auf die ersten Sonnenstrahlen reagieren, fährt sie das volle Programm: kein Blattgrün, nur Blüten, groß, vollkommen, strahlend. Wo sie geschützt stehen, wo's warm ist, weil keine widrigen Winde um die Ecke pfeifen, da entschließen sich Magnolien schon vor ihren Artgenossen zum großen Auftritt. Wie im Kabinettsgarten, einem der zehn Höfe der Residenz. »Magnolia x loebneri ›Merrill‹« lautet der korrekte Name der sechs Schönen, die hier als erste Frühlingsboten ihre weißen, sternförmigen Blütenblätter entfalten.

Der Garten liegt zwischen dem Cuvilliés-Theater und der 1826 bis 1837 von Leo von Klenze erbauten Allerheiligen-Hofkirche, die nach der Zerstörung im Krieg erst seit 2003 wieder öffentlich zugänglich ist. In diese klassizistische Fassung hat Peter Kluska 2003 ein Juwel moderner Gartenarchitektur gesetzt, das alle Attribute enthält, die Menschen faszinieren, seit sie die Hängenden Gärten der Semiramis zum siebten Weltwunder erklärten: Bäume, Wege, Wasser, Blumen, Bänke zum Rasten und Genießen. Dank moderner Technik konnte Kluska mit dem Element Wasser spielen: Neben dem klassischen Springbrunnen schuf er beiderseits des Mittelwegs strömende flache Wasserflächen, auf denen grün-weiß-rote Glasstreifen »virtuelle Blumenrabatten« bilden. Auch wenn die Magnolien nur etwa 14 Tage blühen – der Kabinettsgarten ist das ganze Jahr über einen Besuch wert, ein wunderschönes Refugium abseits von Lärm und Innenstadthektik.

▶ **Im Sommer wird der Brunnenhof der Residenz zum Veranstaltungsort (Theater, Oper, Konzerte), ganzjährig finden in der Hofkirche Konzerte statt. Der Kabinettsgarten dient dann als Außenfoyer und Pausenraum.**

Kabinettsgarten der Residenz · 9–22 Uhr · Zugänge über die Pforte am Marstallplatz oder über die neue Treppe aus der Allerheiligen-Hofkirche mit Zugang vom Brunnenhof · Altstadt
Haltestelle: S/U Marienplatz, U Odeonsplatz

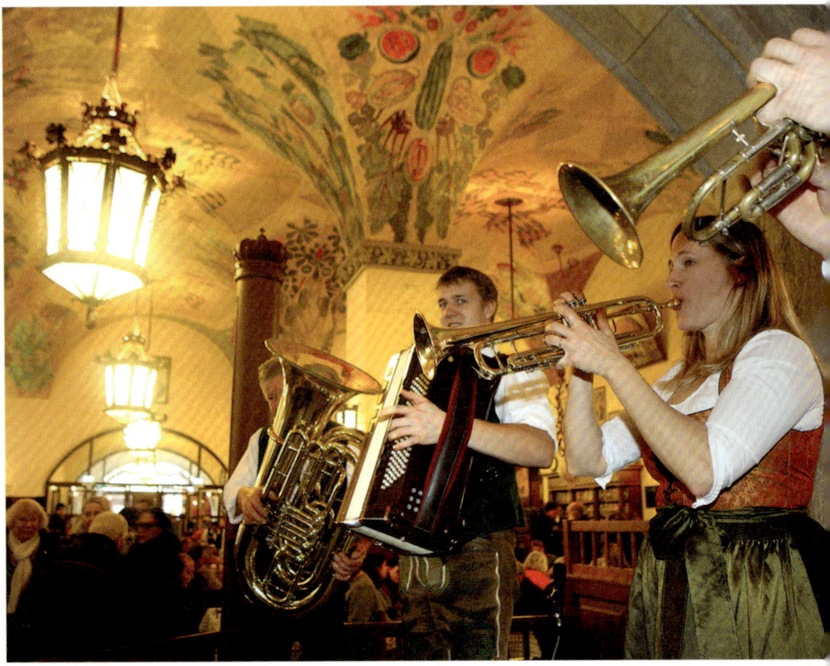

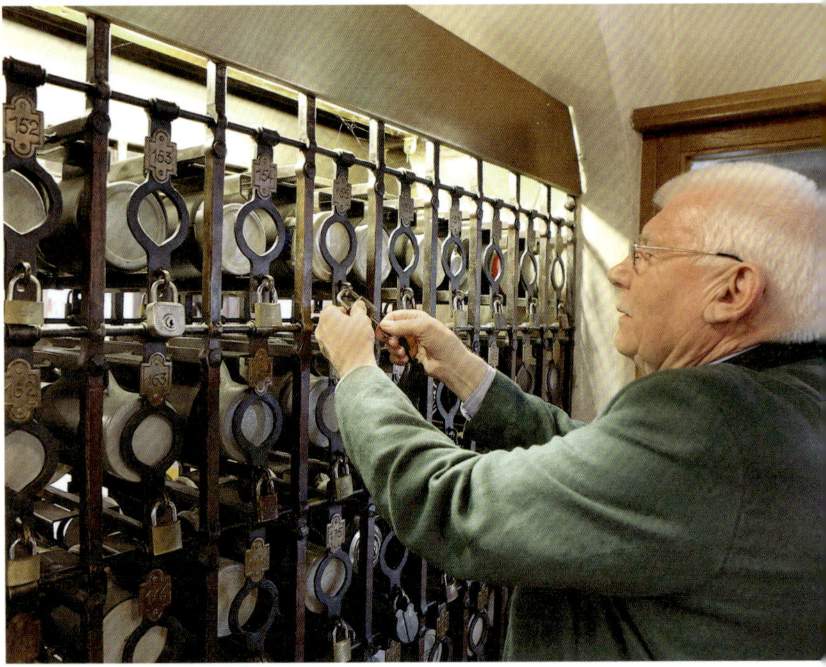
152
153
154
163

Bierkrüge hinter Schloss und Riegel

Was sich wohl die vielen Touristen denken, die durchs Hofbräuhaus strömen, wenn sie das sehen: Krüge hinter Gittern! Alkoholiker, deren Drogenlieferanten einsitzen müssen, bis sich die Leberwerte ihrer Besitzer gebessert haben? Corpora delicti wilder Wirtshausschlägereien?

Nichts von dem. Die Krüge warten auf ihre Besitzer, sie sind hinter Schloss und Riegel, damit kein Unbefugter sie greife. 616 Stammgäste besitzen solche Schließfächer, für den Preis von zwei Euro pro Jahr können sie gepachtet werden. Die Warteliste für so einen privilegierten Platz an der Bierquelle ist lang, nur wenn ein Trinker den Löffel und mit ihm den Maßkrug abgibt, kann ein anderer nachrücken.

Die Existenz dieser Regale widerlegt ein Vorurteil, das viele Münchner hegen und das sie daran hindert, auch nur einen Fuß ins »Hofbräuhaus« zu setzen: Da gingen nur Fremde hin, heißt es. Falsch. Im »Hofbräuhaus« finden 200 Stammtische statt, hier treffen sich Brauer, Jäger, Stadtgärtner, Polizeipensionisten, Straßenbahner, Richter – alles Einheimische. 3500 Stammgäste sind registriert, die alle gern einen Maßkrug im Tresor hätten, denn durch den könnten sie ihren Status kundtun und sich von der Masse abheben, die ihr Bier aus gläsernen Krügen trinkt.

Man muss ja nicht gleich zum Stammkunden werden, aber es lohnt sich, mal einen Blick in Münchens berühmtes Wirtshaus zu werfen, auch aus architektonischen Gründen. Das 1897 errichtete »Hofbräuhaus« verkörpert den Prototyp der Bierpaläste, die in dieser Zeit entstanden. Die »Bierarchitektur« folgte einem festgelegten Konzept: Es gab einen Festsaal für Versammlungen und Veranstaltungen. Sodann besaß jeder Bierpalast eine Schwemme, in der das einfache Volk verkehrte, während die Bürger im Gaststättenbereich einkehrten, in dem kleine Säle traute Wohnzimmeratmosphäre schufen. Und auch der Bereich im Freien gehörte dazu – was viele nicht wissen: Im Garten des Hofbräuhauses ist es wunderschön.

»Hofbräuhaus« · 9–23 Uhr · Am Platzl 9 · Altstadt · Tel. 089/29 01 36 10 · www.hofbraeuhaus.de
Haltestelle: S/U Marienplatz

Zeitreise in den Untergrund

Wenn die Münchner »in die Stadt gehen«, haben sie in der Regel etwas zu erledigen, hasten von Geschäft zu Geschäft, gebremst von Touristen aus aller Herren Länder, die stehen und staunend genießen, was der Einheimische mit der Einkaufsliste nicht mehr wahrnimmt: wie schön diese Stadt ist.

Augenfällig schön: die Turmkulisse, der Marienplatz, der Viktualienmarkt. Es gibt aber auch verborgene Schönheit, ein Fleckchen, das kaum jemand bei seinem Einkaufsbummel ansteuert. Dabei kostet es keinen Cent, in den Bauch der Stadt zu steigen und dort gleichsam aus der Zeit zu fallen. Nein, nicht fallen. Die vielen Stufen, die zur Dauerausstellung Kaiserburg im Gewölbekeller des Alten Hofs führen, muss man schon vorsichtig nehmen. Unten angelangt, steht man in einem der ältesten Räume Münchens und kann entweder nur die prächtigen spätgotischen Gewölbe und die Ruhe genießen oder multimedial geleitet etwas für seine Bildung tun – wer weiß schon, dass München mal Kaiserstadt war? 1328 wurde Ludwig IV. zum Kaiser gekrönt, bis 1347 sonnte sich die Stadt in dem Glanz, den Ludwig der Bayer verbreitete. Übrigens der erste deutsche Kaiser, der einen festen Regierungssitz hatte und nicht in Ausübung seiner Pflicht über die Lande zog – wer der Macht nahe sein wollte, musste in die Stadt an der Isar kommen.

München strahlte in den kaiserlichen Farben Schwarz-Gold, die noch heute im Stadtwappen enthalten sind, und die Bürger waren stolz und glücklich. Nach dem Tod des Kaisers weigerten sie sich drei Jahre lang, die Reichskleinodien herauszugeben. In den folgenden Jahrzehnten allerdings trübten sich die Beziehungen zum Hof. 1385 gingen die Bürger gar so weit, einem wittelsbachischen Ratgeber wegen der immensen Steuern den Kopf abzuschlagen. Daraufhin fühlten sich die Herzöge nicht mehr sicher in der Innenstadt und verlangten von den rebellischen Bürgern, dass sie ihnen ein Refugium errichteten: die Neuveste, die Keimzelle der Residenz.

Kaiserburg, Infopoint Museen & Schlösser in Bayern · Mo–Sa 10–18 Uhr · Alter Hof 1 · Altstadt
Tel. 089/21 01 40 50 · www.muenchner-kaiserburg.de · Haltestelle: S/U Marienplatz

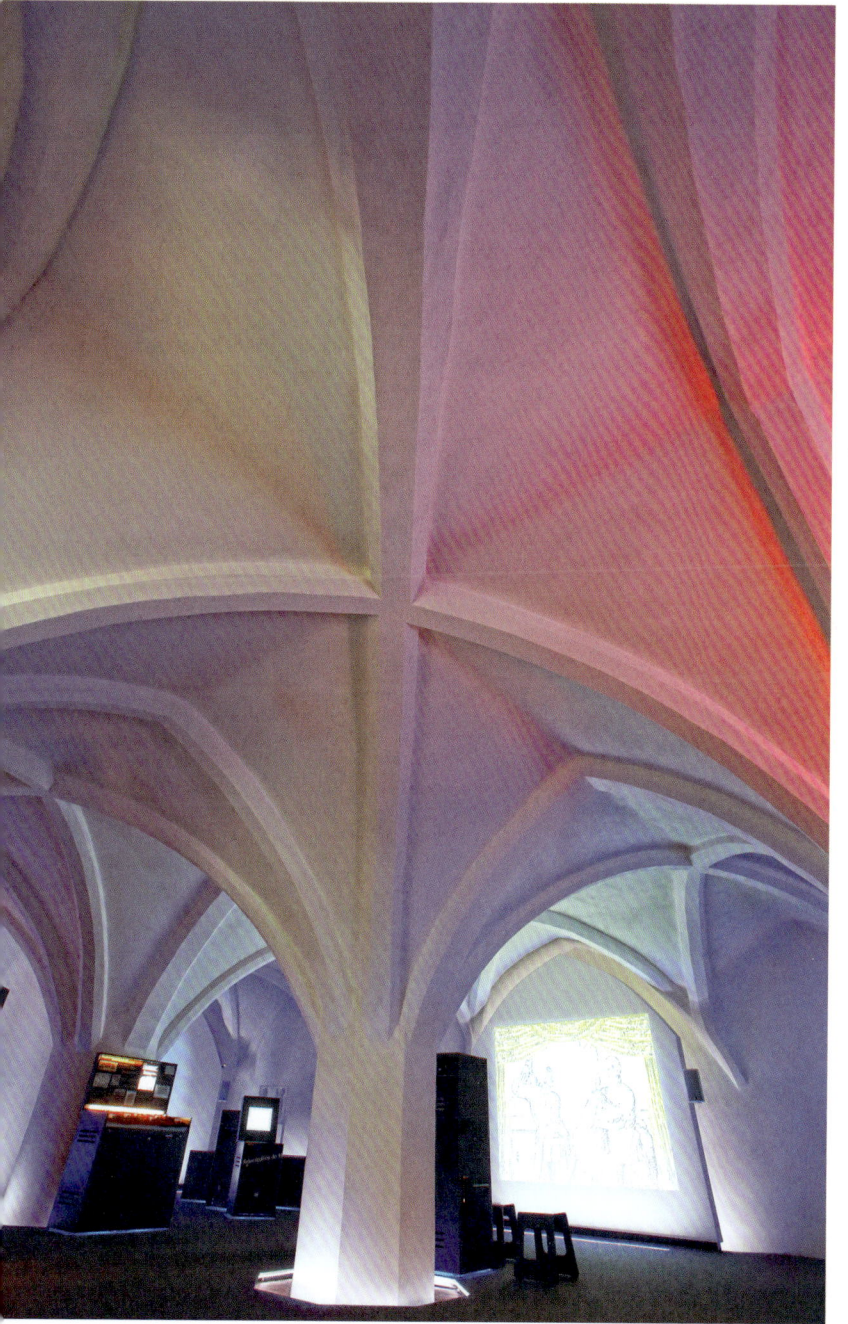

Juwel im Jugendstil –
die Kammerspiele

München besitzt zwei renommierte Sprechtheater, die miteinander in edlem Wettstreit liegen: die städtischen Kammerspiele und das staatliche Residenztheater. Wer in der Gunst des Publikums und der Kritiker die Nase vorn hat, liegt heute am Spielplan, am Ensemble, an der Intendanz.

In den wilden 1960er-Jahren war das anders. In der Zeit des Vietnamkriegs und der Studentenproteste boten die Kammerspiele politisches Theater mit allen dazugehörigen Skandalen und Streitigkeiten, während das »Resi« sich brav und staatstragend verhielt. Unvergessen in der Geschichte der Kammerspiele: die Geldsammlung für den Vietcong nach Peter Steins Inszenierung von Peter Weiss' *Vietnam-Diskurs* (1968). Mit diesem provokanten Auftreten blieb das Theater seiner Tradition treu: Schon Otto Falckenberg, ab 1917 fast 30 Jahre Direktor des Hauses, verstand sich als Regisseur der Avantgarde, er entdeckte 1922 Bert Brecht als Dramatiker, inszenierte dessen *Trommeln in der Nacht* und bot dem damaligen Enfant terrible eine Stelle als Dramaturg.

Auch wenn heute beide Theater in derselben Liga spielen: Was die Architektur betrifft, kann das »Resi« der »Kammer« nicht das Wasser reichen. Das Gebäude neben der Oper ist ein Kind der 1950er-Jahre, die Kammerspiele dagegen stammen aus dem Jahr 1901. Carl Riemerschmid, ein Likörfabrikant, ließ die Spielstätte bauen, sein Sohn Richard übernahm die Gestaltung im feinsten floralen Jugendstil. Nach mehreren Restaurierungen zeigt sich das Theater wieder im Originalzustand, jede Raumeinheit ist farblich anders gestaltet – der Zuschauerraum zum Beispiel erstrahlt in Rot und Lichtgrün –, in der braunen Kassenhalle zieren hellrote Blattmotive die Wände. Die Stadt München sparte nicht Mühe noch Kosten, um dieses Juwel zu erhalten – sogar der bestickte Bühnenvorhang wurde nach einem Foto rekonstruiert –, aber die Kammerspiele sind auch etwas Besonderes: das einzige erhaltene Jugendstiltheater Deutschlands.

Münchner Kammerspiele · Maximilianstr. 28 · Altstadt · Tel. 089/23 39 66 00
www.muenchner-kammerspiele.de · Haltestelle: Tram 19 Kammerspiele

24 Keine Prinzessin auf der Erbse

Ohne die Wittelsbacher wären Münchens Museen um einiges ärmer. Die Herrscher reisten und kauften Bilder, antike Skulpturen, Münzen, Bücher und naturwissenschaftliche Kuriositäten. Sie vergaben Aufträge an bedeutende Künstler, und sie präsentierten einen Großteil ihrer Sammlungen öffentlich.

Herzog Wilhelm IV., in seinem Auftrag fertigte Albrecht Altdorfer 1529 die *Alexanderschlacht*; Herzog Albrecht V., er erbaute 1567 das erste Museum Bayerns (heute Alte Münze); Ludwig I.: Glyptothek, Alte Pinakothek, Neue Pinakothek. Man denkt automatisch an Männer, wenn es um den Aufbau der wittelsbachischen Sammlungen geht. Aber es gibt auch eine Frau in ihren Reihen: Therese von Bayern (1850–1925). Sie war die Tochter von Prinzregent Luitpold und somit eine Prinzessin. Als solche hätte sie ihr Leben führen können, mit allen Zerstreuungen, die der Hof bot. Doch dafür war sie zu gescheit, zu unternehmungslustig, zu wissbegierig. Und so nutzte sie ihren Stand, um zu tun, was anderen Frauen zu dieser Zeit verwehrt war: sich zu bilden und zu forschen. Bereits mit 21 Jahren reiste sie quer durch Europa, später führten ihre Forschungsreisen sie nach Westindien, Nord- und Südamerika. Sie beherrschte zwölf Sprachen in Wort und Schrift, verfasste 16 Bücher und kehrte von jeder ihrer Fahrten mit systematisch aufgearbeiteten Ergebnissen über die Pflanzen- und Tierwelt und zu völkerkundlichen Themen zurück. Ziel ihrer Reisen war auch, den Bestand der Münchner Museen zu erweitern, den sie, vor allem was Biologie und Völkerkunde betraf, als zu dürftig empfand.

Das Völkerkundemuseum verdankt ihr unter anderem ein Kleinod, eine 21,5 Zentimeter große Puppe aus Ton und mit Menschenhaar. Therese erwarb sie auf ihrer Nordamerikareise 1893 von einer Mojave-Indianerin, die wohl nicht ahnte, dass ihr Werk noch heute bestaunt werden würde: Weltweit sind nur sehr wenige Puppen dieser Art erhalten, die noch den original Haarschmuck tragen.

Staatliches Museum für Völkerkunde · Di–So 9.30–17.30 Uhr · Maximilianstr. 42 · Lehel
Tel. 089/210 13 61 00 · www.voelkerkundemuseum-muenchen.de
Haltestelle: U Lehel, Tram 18, 19 Maxmonument

Was blieb vom zweiten Mauerring

Einen Geheimtipp zu geben, ist gewagt, aber einmal soll's erlaubt sein, und wenn schon, dann unterlegt mit einem Goethe-Zitat: »Man sieht nur, was man weiß.« Kaum jemand weiß nämlich, was sich nördlich vom Isartor im Innenhof eines modernen Gebäudes verbirgt: Fundamente, die deutlich erkennen lassen, dass hier mal ein runder Turm stand, eine Wand, aus Ziegeln gebaut – dies ist die einzige Stelle, an der man Reste des mittelalterlichen Doppelmauerrings sehen kann, der einst die Stadt umschloss. Augenfällig und kein Geheimtipp sind die aus 140 Nagelfluhsteinen bestehenden »Fußabdrücke« der Mauer, die südlich des Tors verlegt wurden.

Stadtmauer- und Turmreste · Innenhof Thomas-Wimmer-Ring 3
Alte Mauerteile · verlegt entlang der Westenriederstraße · beides Altstadt · Haltestelle: S Isartor

Ein Muss, wenn man muss

Stille Örtchen sind diese Toiletten nicht. Die Damen hören das Rattern des Zuges, vor dem Fenster zieht die Landschaft vorbei. Die sanitäre Ausstattung ist in die Jahre gekommen und die Hinweisschilder versteht nur, wer Russisch spricht. Die Toilette im Untergeschoss des Sportgeschäfts Globetrotter ist ein Original, sie stammt aus der Transsibirischen Eisenbahn. Auch den Herren wird optisch und akustisch etwas geboten: Sie erleichtern sich in einem Flugzeug-WC. Danach ist frau/man bereit: zum Kanufahren in einem 121 Quadratmeter großen Becken oder für den Besuch von Spezialkammern, in denen Sportjacken in der Kälte oder bei Regen getestet werden können.

Globetrotter · Mo–Sa 10–20 Uhr · Isartorplatz 8–10 · Ludwigsvorstadt-Isarvorstadt
Tel. 089/44 45 55 70 · www.globetrotter.de · Haltestelle: S Isartor

»Für den, der's mag, is des as Höchste«

»Die Kronfleischküche, ein Stück Münchener Spezialität, die sich allgemeiner Popularität erfreute, … siedelte in ihr neues Heim. … Den Eingang zu den Lokalen schmückt eine Malerei mit der Inschrift: ›A große Kron, a kloane Kron, a Herzl, a Bries, a Tellerfleisch, a Supp'n, was magst?‹«

Diese Meldung erschien am 24. September 1908 in der Lokalpresse und beweist zweierlei. Erstens: Gastronomische Themen waren schon damals von öffentlichem Interesse – lange bevor Fernsehköche durch die Sender tobten. Und: Der Genuss von Innereien hat Tradition in München – auch wenn sich mancher Nicht-Bayer mit Grausen wendet. Herz, Leber, Lunge, Niere, Milz, Kutteln (Rindermagen) zählen zu den Schmankerln der regionalen Küche, auch Hirn, Kalbskopf, Zunge, Euter und Bries landen auf dem Teller und sind, vom kundigen Koch bereitet, eine Delikatesse. Beim Kronfleisch, das der Küche den Namen gab, handelt es sich um das Zwerchfell vom Kalb, Rind oder Schwein, ein besonders schmackhaftes Stück, das mit Wurzelgemüse gekocht und – in der Mitte rosa – mit Kren (Meerrettich) und Salzkartoffeln serviert wird.

Innereien findet man auf allen Speisekarten jener Wirtshäuser, die sich der traditionellen Münchner Küche verpflichtet fühlen. Zum Programm hat das »Weiße Bräuhaus«, über die Stadtgrenzen hinaus bekannt für sein ausgezeichnetes Weißbier, die »Kronfleischküche« erklärt. An jedem Tag der Woche bereiten die Köche eine andere Spezialität zu: Saure Nieren, Milzwurst, paniert und gebacken oder in Butter gebraten, Lüngerl süß-sauer mit Semmelknödel, gebackenes Euter und vieles andere mehr. Anfänger sollten das Voressen bestellen, wenn's nicht auf der Kronfleischkarte steht, einfach fragen, da ist alles drin: Kalbs- und Schweinslunge, Kutteln und Kalbsbries. Und ganz Fortgeschrittene können beherzt zugreifen, wenn Stierhoden angeboten werden. Nicht »jeder Manns« Sache, aber: »Für den, der's mag, is des as Höchste.«

Kronfleischküche, »Weißes Bräuhaus« · 8–0.30 Uhr · Tal 7 · Altstadt · Tel. 089/290 13 80
www.weissesbraeuhaus.de · Haltestelle: S/U Marienplatz

Die Sammlung Bollert – alles oder nichts

Wer zu wählerisch ist, geht leer aus. Diese Erfahrung mussten die Berliner Staatlichen Museen machen. »Sammlung Bollert geht nach München – und Berlin schmollt«, titelte Die Welt *am 25. 1. 2004 und sprach von einem »Kunst-Krimi« mit »Geheimreisen« der Münchner Museumsdirektorin.*

Worum ging es? Um nichts weniger als um eine der letzten großen deutschen Kunstsammlungen der Vorkriegszeit mit wunderbaren Werken der Spätgotik und der Renaissance. Aufgebaut hatte sie der Berliner Gerhart Bollert zwischen 1908 und 1939, etwa ein Drittel ging im Krieg verloren, aber die Kunstwerke, die überdauerten, sind einzigartig. Diese Sammlung sollte geschlossen erhalten und mit dem Namen Bollert in Verbindung bleiben. So wünschte es die Erbin.

Die Berliner aber wollten sich nur die Filetstücke herauspicken. Wie die Werke von Tilman Riemenschneider und Niklaus Weckmann. Oder das *Lüsterweibchen*, eine Holzskulptur aus der Zeit um 1500. Und sie boten der Sammlung keinen eigenen Raum. Als absehbar war, dass die Akteure in der Hauptstadt sich nicht einigen konnten, trat Renate Eikelmann, die Direktorin des Bayerischen Nationalmuseums, auf den Plan. »Geheim« waren ihre Reisen nach Berlin nur insofern als von den monatelangen Verhandlungen nichts an die Öffentlichkeit drang. Erst als der Handel perfekt war, erfuhren die einen von ihrem Verlust und die anderen von dem großen Zugewinn.

▶ **Jeden Monat wird im Bayerischen Nationalmuseum eines der Exponate als »Kunstwerk des Monats« präsentiert und erläutert. An Sonntagen kann man es zum Eintrittspreis von 1 Euro sehen.**

Die Münchner können Frau Eikelmann nur danken. Die Sammlung ergänzt den ohnehin grandiosen Bestand des Nationalmuseums. Bollerts Lebenswerk wird in wunderbar geschmackvoll gestaltetem Ambiente präsentiert, die Dauerausstellung trägt seinen Namen. Die Erbin verstarb 2004 kurz nach der Übergabe der Werke. Sie kann in Frieden ruhen.

Sammlung Bollert · Do–So 10–17 Uhr · Prinzregentenstr. 3 · Lehel · Tel. 089/211 24 01 · Bayerisches Nationalmuseum · Di–So 10–17, Do bis 20 Uhr · www.bayerisches-nationalmuseum.de
Haltestelle: U Lehel, Tram 17, Bus 100 Nationalmuseum/Haus der Kunst

Vom Volk gestiftet – ein Denkmal für den Grafen

Das Denkmal agiert wie ein Ampelmännchen: »Lustwandler steh!«, befiehlt die Inschrift auf der einen Seite. Und auf der anderen steht: »Lustwandler geh!« In den Minuten des Stillstands soll man gedenken, sinnen und dem »Menschenfreunde Rumford« danken. Denn »Dank stärket den Genuss«.

»Ach, nur ein altes Monument/Das leider fast kein Mensch mehr kennt,/Denkt heute noch an diesen braven/Weitblickenden gescheiten Grafen …« Brav war der Mann nicht, den Eugen Roth in *Lobrede auf den Englischen Garten* erwähnt. Vielmehr ein Karrierist, Günstling reicher Frauen, eitel und auf seinen Vorteil bedacht. Blitzgescheit aber war er und ein Universalgenie: renommierter Naturwissenschaftler, Erfinder und glänzender Organisator. Kurfürst Karl Theodor holte den Amerikaner Benjamin Thompson 1784 nach Bayern, wo Reformstau an allen Ecken und Enden herrschte. Und Thompson packte an, klug und effizient beseitigte er Missstände in Armee und Landwirtschaft. Der Kurfürst war begeistert, überhäufte ihn mit Geld, schob ihm ein wichtiges Amt nach dem anderen zu – so war Thompson auch für Gestaltung, Anlage und Bebauung des Englischen Gartens zuständig – und verschaffte ihm den Titel Graf von Rumford.

Die Höflinge hassten den Parvenü. Der Magistrat hasste Rumford. Das Volk aber liebte ihn. Die herrschende Meinung, dass man »Lasterhafte und Verworfene erst tugendhaft machen müsse, um sie glücklich zu machen«, verwarf er und fragte: »Warum nicht erst glücklich und dann tugendhaft?« In diesem Sinne errichtete er ein Arbeitshaus mit Werkstätten und bot den Bettlern Arbeit, Nahrung und Bildungsmöglichkeiten. Darauf bezieht sich die Inschrift, die »Lustwandler steh!« lesen soll. Als Rumford 1795 nach längerer Abwesenheit nach München zurückkehrte, strömte die halbe Stadt in den Englischen Garten, um ihn zu begrüßen und mit diesem Denkmal von Franz Jakob Schwanthaler zu ehren, das das Volk, nicht der Herrscher, für ihn errichtet hatte.

Denkmal für Graf von Rumford (1743–1814) · Lerchenfeldstr. · Lehel/Englischer Garten
Haltestelle: Bus 100, Tram 18 Nationalmuseum/Haus der Kunst

30 Trinken – mal nicht gegen den Durst

Es ist schon seltsam: Am Chinaturm sitzen die Menschen und gießen literweise Bier in sich hinein, und rund einen Kilometer entfernt muss man eine Stunde warten, bis eine Tasse Tee serviert wird. Das liegt nicht etwa am schlechten Service im Japanischen Teehaus, es handelt sich um eine Zeremonie, die ein Teemeister nach strengen Regeln durchführt. Reinheit, Ästhetik, Einklang mit der Natur, Meditation – mit dem »Teeweg« verbindet sich eine Philosophie. Dass das Japanische Teehaus relativ unbekannt ist, liegt wohl daran, dass die mit »Oans, zwoa, drei – g'suffa!« sozialisierten Münchner lieber den direkten Weg zum Getränk nehmen.

Japanisches Teehaus · Prinzregentenstr. 1 · April–Okt. Jedes 2. Wochenende im Monat, Sa, So 14, 15, 16, 17 Uhr · Lehel/Englischer Garten · www.urasenke-muenchen.de
Haltestelle: Bus 100, Tram 18 Nationalmuseum/Haus der Kunst

Wo's nur ein Thema gibt: Hundegeschichten

Wenn die Münchner Zamperl ihre Frauchen und Herrchen in den Englischen Garten führen, haben sie das Ziel klar vor den Nasen: Mini-Hofbräuhaus. Denn das trägt nicht umsonst den Titel Hundebiergarten. Hier können die Vierbeiner machen, was sie so lieben: spielen, toben oder entspannt in der Sonne liegen. Mit dem beruhigenden Gefühl, dass ihre Menschen gut aufgehoben sind. Denn auch die tun, was sie am liebsten machen: ein Bier trinken und über ihr Lieblingsthema reden – Hunde. Wie klug, süß und einzigartig sie sind. Hund muss nur aufpassen. Wenn der Wirt ruft, dass der Schweinsbraten fertig ist, dann schnell an den Tisch und alle Tricks einsetzen, damit was abfällt vom Menschenessen.

Mini-Hofbräuhaus · Mo–So 10–22 Uhr · Gyßlingstr. 59 · Schwabing/Englischer Garten
www.minihofbraeuhaus.de · Haltestelle: U Nordfriedhof

Millionendorf mit Schafwiese

»Freizeitdruck« ist ein Wort aus dem Amtsdeutschen und zugleich eine Diagnose. Unter dem leidet München nämlich angeblich, und was das bewirkt, kann man an schönen Tagen im Englischen Garten sehen: Menschen, Menschen, Menschen, die alles Erdenkliche unternehmen, um den Druck loszuwerden.

Zum Glück folgt auch diese Welle physikalischen Gesetzen: Sie ebbt ab. Der Druckkessel liegt im Süden, wo der Monopteros und der Biergarten am Chinaturm auch zum touristischen Programm gehören. Jenseits des Isarrings, der den Park durchschneidet – eine Bausünde aus den 1960er-Jahren –, sind die Wege und Wiesen nicht überlaufen, je weiter man nach Norden kommt, desto weniger dominiert die Präsenz des Menschen die Natur. Die Statistik behauptet: Über 50 Vogelarten sollen im Englischen

Garten brüten. Waldstücke, Weiher und Bäche – manch einer ist froh, wenn er auf eine der Orientierungstafeln stößt, wer sich nicht auskennt, kann sich im nördlichen Englischen Garten leicht verlaufen.

In den Sommermonaten darf man das Idyll sogar Idylle nennen, ohne mit dem Duden in Konflikt zu kommen. Die dazu nötige »Hirten- und Schäferszene« liefert Johannes Rosenhuber, der mit Wagen, Hund und Hunderten von Schafen durch den Norden zieht. Alle paar Jahre allerdings geht die Idylle in die Brüche. Immer dann, wenn Hunde in der Schafherde wüten. Denn auch die Nachfahren des Wolfs sind gern im nördlichen Englischen Garten unterwegs, manche leider mit verantwortungslosen Menschen. Dass wegen der wenigen »schwarzen Schafe« nicht alle Hunde an die Leine müssen und immer wieder ein Kompromiss gefunden wurde, ist auch dem Schäfer Rosenhuber zu verdanken.

▶ **Die Aktion »Auf zu neuen Schafen« bietet Kindern Gelegenheit, den Schäfer und seine Tiere kennenzulernen und Erfahrungen in der Natur zu sammeln. Teilnahme kostenlos, www.schafe-im-netz.de**

Englischer Garten nördlich des Isarrings
Haltestellen: U Dietlindenstraße, Nordfriedhof, Alte Heide, Studentenstadt

Kein Dorf, aber zwei Kirchen

33

Fast nichts ist geblieben von Fröttmaning, das schon 815 erstmals urkundlich erwähnt wird und zu den ältesten Siedlungen im Stadtgebiet zählt. Doch der Fortschritt zollt dem Alter keinen Respekt. Hof um Hof musste weichen, nur die Kirche wurde gerettet. Und die gibt es heute gleich zwei Mal.

Nachdem der Münchner Kriegsschrott aus der Stadt geräumt und zu zwei Bergen aufgeschichtet worden war, kam das Wirtschaftswunder und forderte ebenfalls einen Berg: Wo fröhlich konsumiert wird, fällt Müll an, und der muss ja irgendwohin. Er kam auf die 1954 eröffnete Deponie Großlappen. Die wuchs und wuchs, in die Höhe, in die Breite, da war kein Platz mehr für bäuerliche Betriebe. Zwölf Millionen Kubikmeter Müll liegen hier aufgetürmt, auf die damit verbundenen Umweltprobleme soll nicht eingegangen werden, sie scheinen durch die Renaturierung gelöst.

Das Verschwinden von Fröttmaning hat der Künstler Timm Ulrichs sehr anrührend visualisiert. *Versunkenes Dorf* heißt sein 2006 geschaffenes Werk. Die Kirche, in Originalgröße aus bemalten Betonfertigteilen nachgebildet, ragt halb verschüttet aus dem inzwischen begrünten Müllberg.

Dass auch das Original noch erhalten ist, verdankt Heilig Kreuz aktiven Bürgern. Das Gotteshaus sollte Ende der 1960er-Jahre ebenfalls weichen, diesmal um einem anderen Fetisch der Konsumgesellschaft Platz zu machen: dem Auto. Die Bürgerinitiative verhinderte den Abriss, das Autobahnkreuz wurde leicht nach Norden verschoben. Jahre später realisierte die Kunstwelt, welches Kleinod da beinahe zerstört worden wäre. Bei Renovierungsarbeiten entdeckte man einen keltischen Rundaltar sowie interessante, direkt auf die Ziegelwand gemalte romanische Wandmalereien – einzigartig in ihrer Art in Bayern.

▶ **Die Allianz Arena, ein architektonisches und technisches Meisterwerk, kann im Rahmen von Führungen besucht werden. Mit gutem Schuhwerk – es sind Treppen zu erklimmen, man ist 60 Minuten zu Fuß unterwegs.**

Heilig-Kreuz-Kirche · Besichtigung nach Vereinbarung · Kurt-Landauer-Weg 8 · Fröttmaning
Tel. 089/234 75 10 · Haltestelle: U Fröttmaning · Autobahn überqueren (Brücke)

HE

HEN

AUS

34 Die Metropole endet nicht am Ring

»Das ist selten im heutigen Theaterdeutschland, wo das Zertrümmern der Bühnenklassiker gesellschaftsfähig geworden ist, aber sein geradezu wundergläubiges Vertrauen in den Zauber des einfachen Spiels hat dem Metropoltheater die Kontinuität einer glücklichen Insel geschenkt.«

Dieses Lob kam von Hellmuth Matiasek anlässlich der Verleihung des Bayerischen Theaterpreises 2002. Damals war das Metropoltheater vier Jahre alt und hatte nicht nur in den Feuilletons der lokalen Presse seinen festen Platz, sondern auch überregional Anerkennung gefunden. Eine Erfolgsgeschichte, die bis heute anhält, trotz der Widrigkeiten des Beginnens. Eine Spielstätte ausgerechnet in Freimann anzusiedeln – in einer Wohngegend und damals noch einem Brennpunkt-Viertel, dazu gehörte Mut. »Kaufmännisch gesehen war es ein absoluter Selbstmord, im Metropol ein Theater aufzumachen«, sagt Mitbegründer, Intendant und Hausregisseur Jochen Schölch. »In der Stadt ist man ja fest davon überzeugt, dass alles außerhalb des Mittleren Rings nicht mehr München ist.« Aber Schölch hatte sich in das alte Kino mit der Originalausstattung aus den 1950er-Jahren und der fantastischen Akustik verliebt.

Dem »einfachen Spiel« – die Regisseure verzichten auf aufwendige Bühnenbilder und setzen dafür die Requisiten in höchst kreativer und fantasievoller Form ein – und den hervorragenden künstlerischen Leistungen verdankt das Metropol sein treues Stammpublikum. Der »Freundeskreis« zählt über tausend Mitglieder, die finanziell dafür sorgen, dass das freie Theater überlebt. Diese Liebe zu »ihrem« Haus spürt man, und das gehört mit zum besonderen Erlebnis eines Theaterabends im Metropol. Man fährt nicht mit der U-Bahn nach Freimann, um die Theatergarderobe auszuführen. Auf den alten Kinostühlen sitzen Begeisterte, und wenn 320 Hände nicht mehr klatschen können und der Applaus mit den Füßen fortgesetzt wird, ist das ein wunderbar archaisches Erlebnis, das den Abend abrundet.

Metropoltheater · Floriansmühlstr. 5 · Freimann · 089/32 19 55 33 · www.metropoltheater.com
Haltestelle: U Freimann

Wo die Autos die Radieserl von unten sehen

Oberbürgermeister Ude wollte ihn damals »nicht einmal geschenkt«, aber beim Bürgerbegehren 1996 setzte sich die Forderung »Drei Tunnel braucht der Ring« mit knapper Mehrheit durch, und so wurde der Petueltunnel gebaut. Fünf Jahre Dreck und Lärm, aber jetzt sind die Anwohner glücklich.

Der Künstler Bogomir Ecker hat sein Periskop in einem Heckenraum platziert, und diese abgeschiedene Position vermittelt unweigerlich das Gefühl, etwas Verbotenes zu tun, wenn man sich dem Guckloch nähert. Doch der Voyeur sieht nur Autokörper in unendlicher Folge, die unten durch den Tunnel rauschen. Den Blick »ins Inferno« will Ecker lenken, und das haben die Milbertshofer und Schwabinger jahrzehntelang erlebt: 90 000 Fahrzeuge täglich, Lärm, Stau, verpestete Luft, eine vielspurige Schnellstraße, die die Verbindung zwischen den beiden Vierteln kappte. Heute eint ein grünes Band die Nachbarn, etwa 650 Meter lang und rund 60 Meter breit: Bäume, Grünflächen, Bänke, Holzliegen, gekieste Wege, Kunstwerke wie das originelle Reiterstandbild *Go!* am Rand des Fontänenplatzes, das die Bildhauerin und Installationskünstlerin Pia Stadtbäumer gestaltet hat.

Durch den Süden plätschert der Nymphenburg-Biederstein-Kanal in einem natürlich gestalteten Bett zwischen Schilf und Schwertlilien, und sogar garteln kann man in diesem Idyll: Im Generationengarten im Nordwesten wurden Beete angelegt, die den Bewohnern kostenlos zur Verfügung stehen. Unten tost der Verkehr, oben wachsen die Radieschen. Und in dem angeschlossenen Pavillon treffen sich die Nachbarn, die früher »konnten zusammen nicht kommen«, der Verkehr war viel zu dicht.

Deckel drauf, Ruhe und Grün – das hätten sich auch die Anrainer der Richard-Strauss-Straße gewünscht. Doch im Osten war diese Lösung nicht möglich, der Oberflächenverkehr und mit ihm der Stau blieben erhalten – Wasser auf die Mühlen derer, die beim Bürgerbegehren nicht der Meinung waren, der Ring brauche drei Tunnel.

Petuelpark · zwischen Knorrstraße/Belgradstraße und Leopoldstraße
Schwabing-West/Milbertshofen · Haltestelle: U Milbertshofen

36 Zweideutige Botschaft vom Berg

Wenn die Münchner die Fähigkeiten der alten Ägypter besäßen, so hätten sie aus den Schuttmassen, die nach dem Krieg aus der zerbombten Stadt zu räumen waren, fast zwei Cheops-Pyramiden errichten können. Doch in Alpennähe baut man Berge. Und so entstanden derer drei im Stadtgebiet.

Einer von ihnen wurde später zum Olympiaberg und damit weltbekannt, die anderen, die Hochfläche Neuhofener Berg in Sendling und der Luitpoldberg in Schwabing-West, erfreuen sich als Grünanlagen nur lokaler Popularität. Der Park, den der 37 Meter hohe Berg in Schwabing heute überragt, wurde freilich schon früher angelegt, in einer Zeit, die man nach dem Ersten Weltkrieg rückblickend als die »gute alte« bezeichnete: jene Jahre, in denen Prinzregent Luitpold regierte. Der hatte sein Amt in Vertretung des geisteskranken Königs Otto I. mit 65 Jahren angetreten, und so feierte er 1911 nicht nur einen runden Geburtstag, sondern auch 25 Jahre im Amt. Und da schenkten ihm die Münchner etwas, das ihn ehrte und ihnen Nutzen brachte: 90 Linden und 25 Eichen.

▶ **1911 wurde im Park auch ein Café erbaut. Im Restaurant »La Villa« im Bamberger Haus (Brunnerstr. 2) kann man bayerische und südamerikanische Spezialitäten essen; stilvolle Galerieräume, schöne Terrasse.**

Die Bäume erhielten ihren Platz im »Nordpark«, den der Magistrat als Erholungsfläche in der rasant wachsenden Stadt geschaffen hatte, mit dem Setzen der 90. Linde am 90. Geburtstag des Herrschers wurde der Park eröffnet.

Der Prinzregent starb 1912. Damals lag der Erste Weltkrieg schon in der Luft, dass ein zweiter folgen und Berge in München wachsen würden, ahnte niemand. »Betet und gedenkt all der unter den Bergen von Trümmern Verstorbenen!« steht auf dem Gipfelkreuz. Eine Botschaft, die wohl zu Missverständnissen und zum Anbringen einer Tafel führte, die klarstellt, dass die Erhebung zwar aus Trümmerschutt besteht, die Menschen aber ihre letzte Ruhe in den Friedhöfen fanden.

Luitpoldpark · westlich der Belgradstraße · Schwabing · Haltestelle: U Scheidplatz

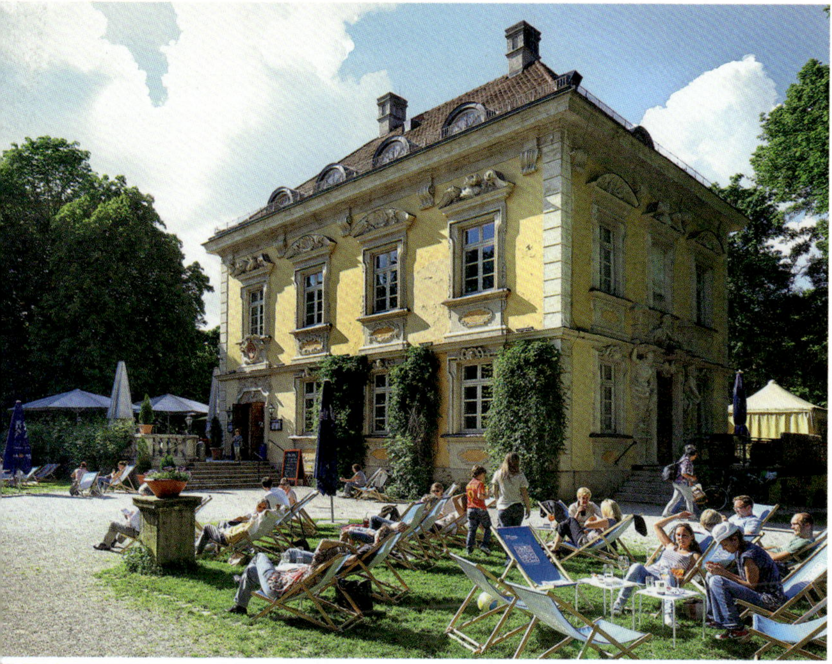

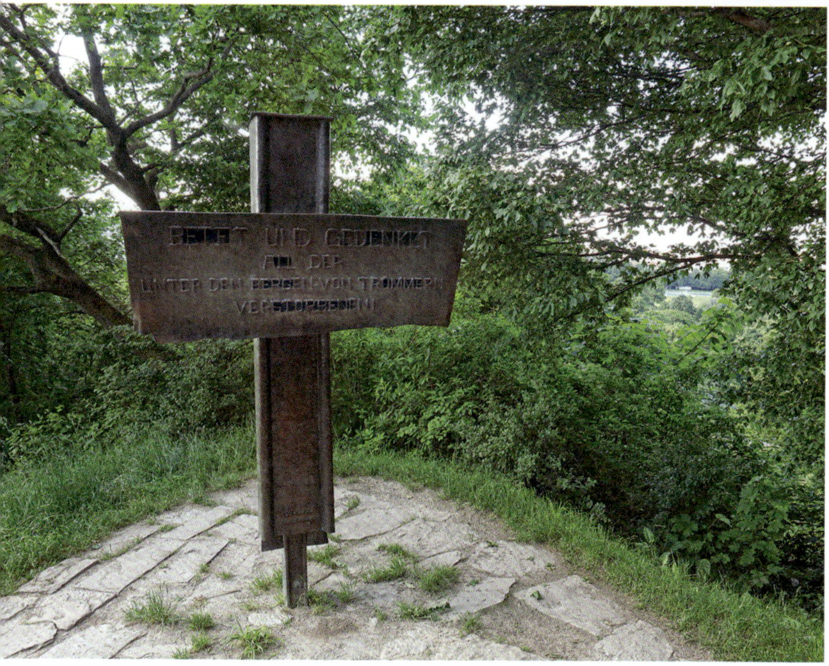

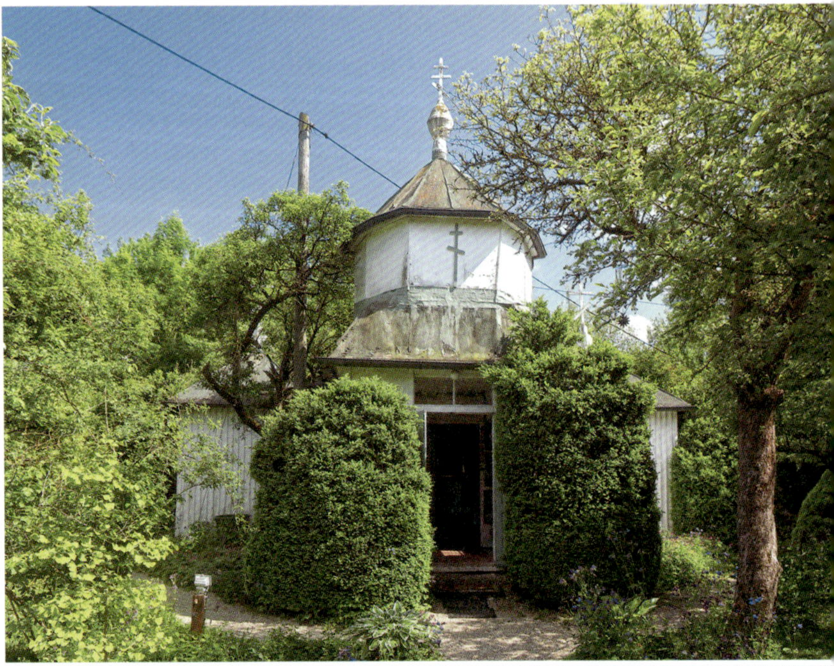

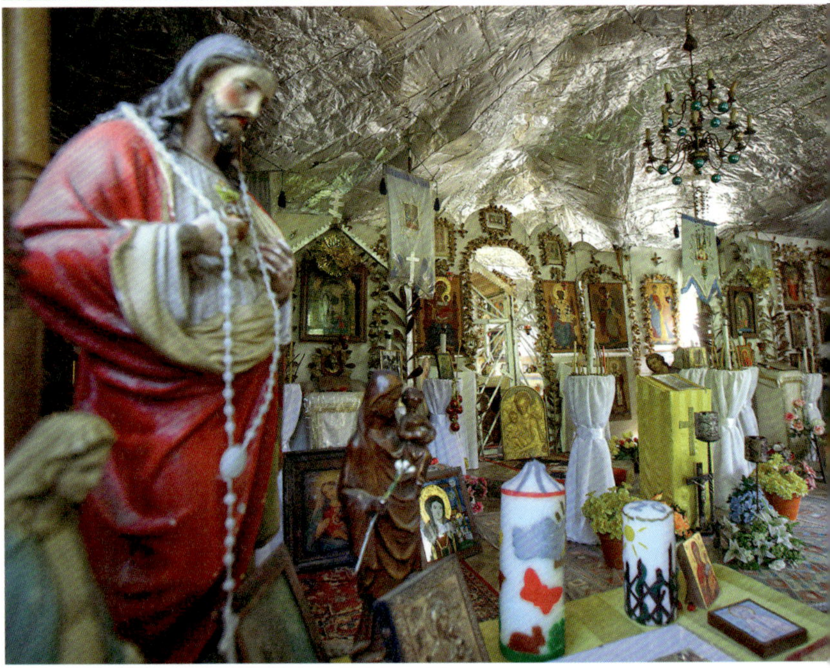

Der charmanteste Schwarz-
bau Münchens

*Väterchen Timofei ist 2004 verstorben, und man kann ihm nur
wünschen, dass er im Paradies ein ebenso schönes Fleckchen gefunden hat, wie jenes, das er sich auf Erden schuf: einen verwunsche-
nen Bauerngarten, ein paar Holzhäuser und eine Kapelle, in der
Stanniol und bunte Ikonen blitzen.*

Dass Timofei in den Himmel gekommen ist, steht außer Zweifel. Vielen galt er schon zu Lebzeiten als Heiliger, und mit der Gottesmutter pflegte
er bereits auf Erden engen Kontakt. Nachdem der Russe im Krieg seine Heimat verlassen musste, erschien ihm die »Himmlische Königin in einer Feu-
ersäule von der Erde bis zum Himmel. Hat gesagt: Timofei, geh nach
München! Bau dort Kirche zu meiner Ehre. Hab gemacht.«

Beim »machen« half ihm Maria, sie lenkte seinen Weg 1952 aufs Ober-
wiesenfeld, wo er und seine Lebensgefährtin Baumaterial in Hülle und Fülle
fanden – im Kriegsschutt, der dort abgelagert worden war. Zuerst errichteten sie die Kapelle, dann, auf dem Fundament einer Flak-Station, die Ba-
silika. Als deren Kuppel einen heftigen Sturm überstand, konstatierte sogar
der Architekt Günter Behnisch, ihre Konstruktion sei ein statisches Wunder.

Behnisch besuchte Timofei anlässlich der Planungen für die Anlage des
Olympiastadions. Denn sie sollte das endgültige Aus für Timofei bedeuten.
Schon lange hatte er Schreiben erhalten wegen seines »nicht genehmigten
und nicht genehmigungsfähigen Behelfsbaus«, die er aber allesamt ge-
rahmt und ungerührt in seine Kirche hängte.

Die Nachricht, dass Timofeis Idyll unter die Planierraupe kommen sollte,
mobilisierte die Münchner. »Väterchen Timofei« war inzwischen stadtbe-
kannt geworden, viele suchten seinen spirituellen Rat, andere kamen, um
seinen Geschichten zu lauschen. Alle mochten den freundlichen Mann in
seinem Paradies mit Blumen, Bäumen und Bienen. Fazit: Die Olympiaanlage
rückte, Timofei blieb. Den »charmantesten Schwarzbau Münchens«
nannte Oberbürgermeister Ude die Einsiedelei.

Ost-West-Friedenskirche · 10–16 Uhr, im Sommer auch länger · Spiridon-Louis-Ring 100 · Schwabing-
West/Oberwiesenfeld · Tel. 0177/876 67 01 · www.ost-west-friedenskirche.de
Haltestelle: U Olympiazentrum

38 Ein Porträt als Psychogramm

Mit der Betrachtung des Bildes lässt sich ein kleiner Test verbinden, den schon Kinder bestehen. Die Frage lautet: Was passt hier nicht zusammen? Die Antwort: Harnisch und Perücke. Entweder gerüstet für die Schlacht oder aufgetakelt fürs höfische Vergnügen – beides zusammen geht nicht.

Dennoch ließ sich Kurfürst Max Emanuel gern von seinem Hofmaler Joseph Vivien so darstellen, und damit setzte er sich trefflich in Szene: Er war sowohl ein Haudegen und erfolgreicher Feldherr im Kampf gegen die Türken als auch ein vergnügungssüchtiger absolutistischer Machtmensch. In den fast 46 Jahren seiner Regentschaft (1680–1726) hatte Bayern 34 Jahre lang Kriegslast zu tragen, Abertausende bayerische Soldaten starben auf diversen Schlachtfeldern, das Land lag danieder, während der Kurfürst – mal freiwillig, mal exiliert – in Brüssel und Paris aufwendig Hof hielt. Liebend gern hätte er Bayern eingetauscht, wenn dabei nur ein Königreich für ihn herausgesprungen wäre. Als das nicht klappte, kehrte er widerwillig nach München zurück und baute Schlösser: Schleißheim und Nymphenburg.

▶ **Hydra und Herkules, grellbunte Lackfarben, die jedem Sportwagen zu Gesicht stünden – auch der im Marstallmuseum ausgestellte Rennschlitten des Kurfürsten passt ins Psychogramm: ein irrer Flitzer.**

Für uns Nachgeborene ist Max Emanuels Schaffen höchst erfreulich. Auch wenn das Innere des Schlosses Nymphenburg von den folgenden Wittelsbachern verändert und der Park Anfang des 19. Jahrhunderts in einen Landschaftsgarten verwandelt wurde, im Äußeren präsentiert sich die Anlage noch so, wie sie der Kurfürst nach 1715 errichten ließ. Die Rokoko-Stuckarbeiten im Prunkraum, dem Steinernen Saal, stammen von dem genialen François Cuvilliés. Auch den verdankt München Max Emanuel: Er hatte ihn 1706 eigentlich als Hofzwerg engagiert, doch als er das Talent des kleinwüchsigen Mannes erkannte, ließ er ihn in Paris zum Ingenieur ausbilden.

Max-Emanuel-Porträt von Joseph Vivien (1711) · Schloss Nymphenburg, Salettl
April–15. Okt. 9–18, 16. Okt.–März 10–16 Uhr · Nymphenburg
Haltestelle: Tram 17 Schloss Nymphenburg

Kurfürst v. Bayern

Bunte Farbtupfer im grauen Münchner Winter

Gegessen wird zu Hause in Mittelamerika oder Asien. Erst wenn sie richtig satt sind, dürfen die Tiere einreisen. Verständlich. Schließlich wollen wir keine Raupen, die ihren ungeheuren Appetit in unserem Botanischen Garten stillen. Wir wollen Schönheit pur: bunte, tropische Schmetterlinge.

Wenn es so richtig kalt ist, der graue Winter aufs Gemüt schlägt und man sich nichts sehnlicher wünscht als eine Reise in warme Gefilde, bringt der Besuch im Botanischen Garten neue Lebensfreude. Billiger als ein Flugticket ist er allemal, schwitzen kann man auch hier und in Farben baden – ganz ohne Jetlag.

Alljährlich von Ende Dezember bis Mitte März findet im Wasserpflanzenhaus des Botanischen Gartens die »Ausstellung ›Tropische Schmetterlinge‹« statt. Das Wort »Ausstellung« ist dabei irreführend, denn die Tiere sind nicht aufgespießt in Vitrinen zu sehen, sie leben und flattern. Als Puppen werden sie von Schmetterlingsfarmen in Costa Rica, Surinam und Malaysia verschickt und schlüpfen dann in München. Nur wenige Arten sind auch schon zum Fressen willkommen. Der Bananenfalter zum Beispiel darf sich im Haus vermehren, sodass man seinen ganzen Lebenszyklus mitverfolgen kann, von der Paarung bis zur Ablage der Eier auf den Blättern der Bananenstauden. Von denen ernähren sich die kleinen Raupen, wenn sie zehn Zentimeter groß sind, verpuppen sie sich.

▶ **Der südliche Ausgang des Botanischen Gartens führt in den Nymphenburger Park. Unbedingt ansehen: die Amalienburg (1734–1739), ein Rokoko-Gesamtkunstwerk von François Cuvilliés d. Ä.**

Der Botanische Garten ist auch zu den anderen Jahreszeiten einen Besuch wert. Er gehört weltweit zu den bedeutendsten seiner Art. Auf einer Fläche von 21 Hektar werden rund 14 000 Pflanzenarten kultiviert, die Gewächshäuser bedecken eine Fläche von 4500 Quadratmetern und erlauben eine Reise in verschiedene Klimazonen mit der jeweils indigenen Flora.

Botanischer Garten · Nov.–Jan. 9–16.30, Feb., März, Okt. 9–17, April, Sept. 9–18, Mai–Aug. 9–19 Uhr
Menzinger Str. 65 · Nymphenburg · www.botmuc.de · Haltestelle: Tram 17 Botanischer Garten

40 Problem gelöst, Bär ausgestopft

Zum Thema »Mensch und Natur« hätte Bruno einiges zu sagen, der Braunbär, der 2006 in den Bayerischen Alpen auftauchte und erfuhr, wie die Krone der Schöpfung reagiert, wenn die Natur sich der Zivilisation nähert. Das Etikett »Problembär« war schnell gefunden, dann kam der Abschuss, und nun steht er ausgestopft im Museum – ein schönes Beispiel für das Themenfeld, um das es hier geht. Die lebendig aufbereiteten Ausstellungen erfreuen sich bei allen Altersklassen großer Beliebtheit, in der Abteilung »Spielerische Naturkunde – nicht nur für Kinder« drücken auch Erwachsene eifrig Knöpfe, um Fragen aus dem Tier- und Pflanzenreich zu beantworten.

Museum Mensch und Natur · Di, Mi, Fr 9–17, Do 9–20, Sa, So 10–18 Uhr · Schloss Nymphenburg
Nymphenburg · Tel. 089/179 58 90 · www.musmn.de · Haltestelle: Tram17 Schloss Nymphenburg

Petri Heil in Nymphenburg

Einmal im Jahr findet im Nymphenburger Schlosspark die Bachauskehr statt. Im trockengelegten Kanalsystem saniert man Ufereinfassungen und entfernt den Schlamm. Die Fische sammeln sich dabei an der tiefsten Stelle und werden abgefischt. Vor allem Spiegelkarpfen, aber auch Hechte und Aale leben in den Kanälen und dem Pagodenburger See, und es sind einige Prachtkerle darunter – schließlich wurden sie den ganzen Sommer von Besuchern gefüttert. Der Fischereiverein bietet sie zum Verkauf an, und so können die Münchner jeden November fangfrischen Karpfen erwerben. Gleich, wie er zubereitet wird, man serviert ihn als Spezialität des Hauses Nymphenburg.

Frischer Fisch aus Nymphenburg · Termin unter www.schlossnymphenburg.de · Verkauf vor dem Johannisbrunnhaus · Nymphenburg · Haltestelle: Tram 17 Schloss Nymphenburg

Zeitreisebahnhof Gerner Brücke

Im 10. Jahrhundert unternimmt der Chinese Kao-tai eine Reise in die Zukunft. Er startet auf einer Brücke über dem »Kanal der Blauen Glocken« und landet im ausgehenden 20. Jahrhundert. Allerdings nicht in seiner Heimat. Der Zeitsprung hat ihn nach »Min-chen« in »Ba Yan« geführt.

Zum Glück ist die Gerner Brücke für den Autoverkehr gesperrt. Sonst hätte die Reise des Mandarins gleich fatal geendet. So passiert das Desaster erst, als er die Allee überqueren will. Da nähert sich »ein feuriger Dämon, größer als zehn Wildschweine« und beißt sich in einem Baumstamm fest. Kao-tai bleibt unverletzt und lernt: Das ist ein A-tao-Wagen.

Herbert Rosendorfers *Briefe in die chinesische Vergangenheit* sei jedem empfohlen, der gern lacht und München und seine Bewohner mit den Augen des Fremden aus einer anderen Zeit sehen will. Die steinerne Brücke über den Nymphenburger Kanal beschreibt er als »sehr grob gehauen und offensichtlich ziemlich lieblos zusammengefügt. […] Ich dachte: Zum Glück haben die nach tausend Jahren noch immer eine Brücke an derselben Stelle.« Gerade aus der Vergangenheit hereingeschneit, kann Kao-tai natürlich nicht wissen, dass im 10. Jahrhundert hier nichts war. Wo heute Gern und Nymphenburg liegen, erstreckte sich eine wasserlose, unfruchtbare Ebene. Der Kanal wurde erst 1728 bis 1730 gezogen, die Brücke stammt aus dem Jahr 1897. Der Plan, alle Schlösser der Wittelsbacher mit einem Kanalsystem zu verbinden, das bis zur Residenz in der Innenstadt reichte, konnte nicht verwirklicht werden. Und so musste die Hofgesellschaft den Landweg nehmen, wenn sie im Sommer nach Nymphenburg zog. Nicht mit A-tao-Wagen, sondern mit Kutschen, wie sie im Marstallmuseum zu sehen sind.

▶ **Der Hubertusbrunnen am Ende des Kanals sieht von Weitem aus wie ein Pavillon, der Brunnen befindet sich innen. Das außergewöhnliche Werk von Alfons von Hildebrand (1907) stand ursprünglich vor dem Nationalmuseum.**

Gerner Brücke · Zwischen Renatastraße und Gerner Straße · Nymphenburg
Marstallmuseum · April–15. Okt. 9–18, 16. Okt.–März 10–16 Uhr · Schloss Nymphenburg
Nymphenburg · beide Ziele: Haltestelle: Tram 17 Schloss Nymphenburg

Die »Colonie« am Kanal

Über 250 Jahre lang führte er ein unspektakuläres Dasein. Geschaffen, um zu dienen und das Würmwasser nach seinem großen Auftritt in Nymphenburg in die Isar zu leiten. Erst als München sich auf Olympia vorbereitete, erkannten die Architekten das Potenzial des Nymphenburg-Biederstein-Kanals.

Sie befreiten das Rinnsal aus seinem Betonbett, gaben dem Wasser Raum, und nun hat es seinen zweiten großen Auftritt: als in die grüne Hügellandschaft gebetteter Olympiasee. Im Westen, wo der Nymphenburg-Biederstein-Kanal bei der Menzinger Straße wieder oberirdisch verläuft, gibt er sich noch immer bescheiden. Bäume und dichtes Buschwerk begleiten seinen schnurgeraden Lauf, wer mit dem Auto vorbeifährt, wird nicht wahrnehmen, dass hier Wasser fließt. Zu Fuß oder mit dem Rad aber entdeckt man die Reize dieses Stadtbiotops, wobei es sich lohnt, auch die Gerner Seitenstraßen zu erkunden.

Gern ist ein altes Villenviertel, eine Ende des 19. Jahrhunderts entstandene Gartenstadt für die Bürger, die während der Gründerzeit zu Besitz gekommen waren und es sich leisten konnten, der übervölkerten und zunehmend unter der Industrialisierung leidenden Stadt den Rücken zu kehren und ihre Kinder im Grünen aufzuziehen. Diese Zielgruppe bedienten der Bauunternehmer Jakob Heilmann und sein Teilhaber, der Architekt Max Littmann. Sie erwarben außerhalb der Stadt große Flächen Landes und errichteten dort solide gebaute und architektonisch ansprechende Häuser für den Mittelstand. »Gelehrte, Künstler, Schriftsteller, Beamte, Pensionisten und Rentiers« benennt das Unternehmen in seinem Werbeprospekt für die »Familienhäuser-Colonie Nymphenburg-Gern« als potenzielle Kunden, und da die nicht alle reich genug waren, um sich eine freistehende Villa mit Garten zu kaufen, entstanden auch preiswertere Reihenhäuser – damals ein Novum in München. Die erste, ab 1892 erbaute Reihenhaussiedlung blieb noch komplett erhalten: Gerner Straße 22 bis 48.

Nymphenburg-Biederstein-Kanal · Erreichbar z.B. von der Nördlichen Auffahrtsallee über die Stievestraße · Bis zum Olympiasee ca. vier Kilometer

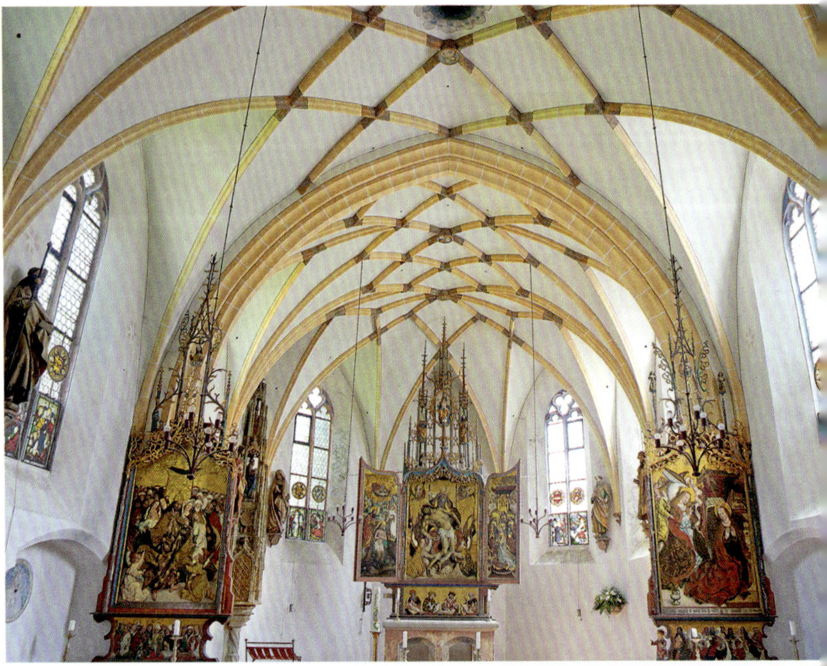

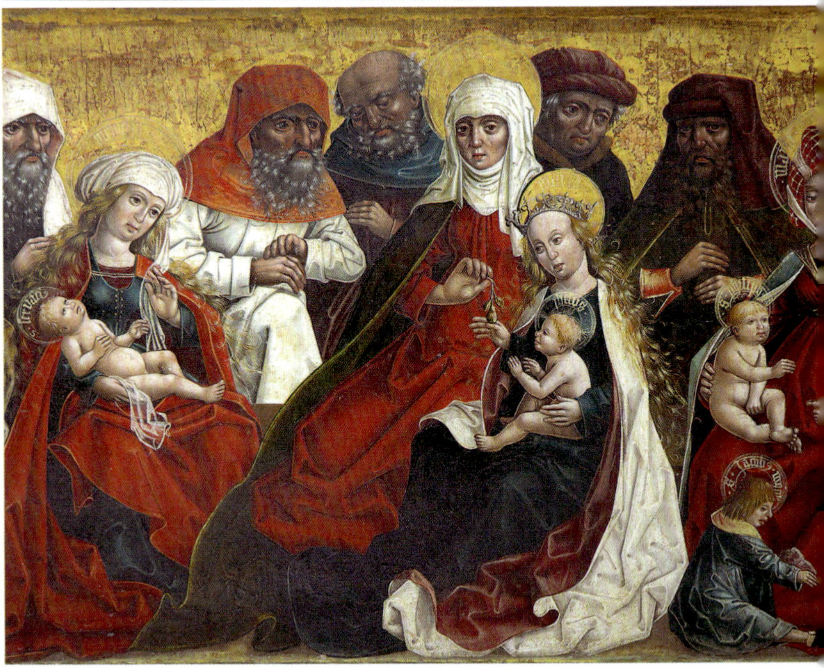

Madonna geraubt, Agnes ertränkt und Lola rennt

44

Dieser Raum scheint zu atmen. Keine Säule stört den Blick in den Chorraum, alles klar, licht, überspannt von einem dezent hervorgehobenen Netzgewölbe. Fenster, Freskenreste, Figuren und Altargemälde – unversehrt erhalten bilden sie ein einzigartiges spätmittelalterliches Gesamtkunstwerk.

»Ihm war wohl mit schönen Frauen und mit weißen Tauben, Pfauen, auch mit Singen und Saitenspiel.« Kein Wunder bei solchen Passionen, dass Herzog Sigismund das Regieren dem Bruder überließ und sich in sein Jagdschloss Blutenburg zurückzog. Dort ließ er zwischen 1488 und 1497 eine Kapelle errichten – von den besten Künstlern, die in München wirkten: dem Maler Jan Polack, der die Altarbilder schuf, und Holzschnitzern, die man im Umkreis von Erasmus Grasser ansiedelt. Zu den schönsten Figuren zählt die *Blutenburger Madonna* links neben dem Altar. Diese Maria, nicht als Mutter mit Kind, sondern als schlichte, in sich gekehrte Frau dargestellt, kam 1971 in die Schlagzeilen: Sie wurde geraubt und ohne dessen Wissen beim Schauspieler Walter Sedlmayer versteckt.

Neben der Madonna spielen noch zwei Frauen eine Rolle in der Geschichte des Wasserschlosses. Albrecht III. traf sich hier mit Agnes Bernauer, einer Baderstochter, mit der er sich heimlich hatte trauen lassen. Eine Mesalliance, die Albrechts Vater beendete, indem er die junge Frau als Hexe in der Donau ertränken ließ. Bei der zweiten Dame handelte es sich ebenfalls um eine nicht standesgemäße Bindung. Das fanden jedenfalls die Münchner, die nicht mit ansehen wollten, wie sich ihr greiser König Ludwig I. von einer dahergelaufenen Tänzerin um den Finger wickeln ließ. Sie jagten Lola Montez aus der Stadt, die letzte Nacht vor ihrer Abschiebung aus Bayern im Februar 1848 verbrachte sie hier – ohne Ludwig.

▶ **Die in der Blutenburg beheimatete Internationale Jugendbibliothek ist mit einem Bestand von mehr als 500 000 Büchern in über 130 Sprachen weltweit die größte Bibliothek für Kinder- und Jugendliteratur.**

Schlosskapelle Schloss Blutenburg · Okt.–März 10–16, April–Sept. 9–17 Uhr · Seldweg 15
Obermenzing · www.blutenburg.de · Haltestelle: Bus 160 Blutenburg

45 Wasserspiele zum Mitspielen

Marienplatz mit Mariensäule. Viktualienmarkt. Ein Bahnhof, an dem Fernzüge halten. Stadtpark, Villenviertel, ein eigener Fluss und ein Wappen – Pasing hat alles, was eine Stadt braucht. Kein Wunder, dass seine Bewohner selbstbewusst sind und großen Wert auf ihre Eigenständigkeit legen.

Die nahm ihnen Hitler. 1938 verordnete er die Zwangseingemeindung Pasings, das seit 1905 Stadtrechte besaß. Und so gibt es in München zwei Marienplätze mit Mariensäulen und zwei Viktualienmärkte. Doch das »ing« im Namen verrät's: Pasing hat die älteren Rechte. 763 gegründet, feierte es 2013 seinen 1250. Geburtstag. Den beging es groß, wenn auch noch nicht ganz baustellenfrei, und die Gratulanten konnten sich davon überzeugen, welch weitgreifende Umgestaltung das Zentrum zwischen Bahnhof und Marienplatz erfahren hat. Autofreie Zonen, Neubauten, Raum zum Flanieren, wo früher die viel befahrene Landsberger Straße durchs Herz der Stadt schnitt.

Und: Pasing hat nun »Arcaden«. Sprich, jetzt gibt es auch hier jene Geschäfte, die in schöner Monotonie jede deutsche Innenstadt belagern. Das ist bitter für die Pasinger Einzelhändler, erfüllt aber das »polyzentrische Konzept«, mit dem der Druck von der Münchner Innenstadt genommen werden soll. Architektonisch bilden die »Arcaden« kein Highlight, aber im Innenhof zwischen den Klötzen ist einer der originellsten Brunnen der Stadt zu entdecken. Die Wasserlinie aus 912 Einzeldüsen verläuft ebenerdig in der Form eines dreiblättrigen Kleeblatts und umschließt eine 22 mal 23 Meter große Fläche. Senkrecht schießen die Fontänen über zwei Meter hoch empor. Und plötzlich werden einige immer kleiner, versinken Strahl um Strahl und laden zum Eintritt in den »Pavillon«, wo man zwischen den Wasserwänden spazieren kann. Vorsicht beim Hinaustreten: Die Wand schließt sich ruckartig und gibt den Raum dann an anderer Stelle wieder frei. Herrlich, da muss man einfach mitspielen.

Brunnen »Spaces between Trees & People« von Jeppe Hein
Ecke Rathausgasse/Am Schützeneck · Pasing · Haltestelle: S Pasing

Zum »Bergsteigen« nach Aubing

46

Wir befinden uns im Jahr 8000 v.Chr. Ganz München liegt in einer Schotterebene … Ganz München? Nein! Ein von unbeugsamen tertiären Sanden bedecktes Fleckchen Erde leistet den Gletscherschmelzwassern Widerstand. Und überlebt – als einzige natürliche Erhebung im Stadtgebiet.

Na ja, Erhebung. 25 Meter sind das grade mal, die sich so dezent ins Grün fügen, dass man bei der Fahrt zur Aubinger Lohe nicht das Gefühl hat, sich einer Anhöhe zu nähern. Erst beim Losspazieren durch den Wald oder über die Wiesen spüren die Waden den Anstieg, und oben auf dem Berg angelangt, zollt man dem Höhenzug doch Respekt – da gibt es richtig steile Hänge, für die Kinder im Winter herrliche Rodelbahnen.

Das Biotop Aubinger Lohe ist nur 1,8 Quadratkilometer groß, aber es bietet eine erstaunliche natürliche Vielfalt. Fichtenmonokultur, Moorgebiete und dichter Mischwald – der Name Lohe weist darauf hin, dass sich hier einst ein Auwaldgürtel befand, in dem schon die Kelten Siedlungsspuren hinterließen. Nur einige Wiesen sind gemäht – den Menschen zuliebe – ansonsten dürfen Blumen und Gräser blühen und Samen ansetzen, ohne die Sense zu fürchten.

▶ **Hungrigen Bergsteigern sei die »Deutsche Eiche« in Lochhausen (Ranertstr. 1) empfohlen. Schönes Haus aus dem Jahr 1899, Familienbetrieb, netter Biergarten, gute Küche.**

Im nördlichen Teil der Lohe stand früher eine Ziegelei. Alte Gebäude, Mauern und Schienenreste blieben als Zeitzeugen erhalten. In den riesigen, durch den Tonabbau entstandenen Gruben hat sich das Wasser gesammelt, das Gebiet wurde renaturiert, Wege und eine kleine Brücke laden zum Spaziergang ein. Den sollte man im Sommer allerdings nicht am frühen Abend machen: Die seltenen Vögel und Amphibien, die hier einen Lebensraum gefunden haben, freuen sich zwar über die Mücken, aber die müssen auch leben und freuen sich ihrerseits über das Mahl, das der Mensch bietet.

Aubinger Lohe · Parkplätze: Bienenheimstr., Ziegeleistr., Altostr.
Aubing-Lochhausen-Langwied · Haltestelle: S Lochhausen

47

Volkstheater auf höchstem Niveau

»Das Volk ist nicht tümlich«, hat Bert Brecht gesagt. Wenn man sich ansieht, was im Fernsehen zur Bestzeit als Unterhaltung aus Bayern geboten wird, muss man ihm widersprechen. In diesen »Stadl«-Formaten jagt ein Klischee das andere, die Witze sind platt, die darstellerischen Leistungen schwach.

»Billige Folklore-Imitationen« nennt der Schriftsteller Herbert Rosendorfer das und preist die einfallsreichen Stücke von Georg Maier und die Iberl Bühne als »einen Ort würdigen Volkstheaters«. Und er ist nicht der Einzige, der das Hohelied singt: »Ein Besuch bei der Iberl Bühne wirkt wie eine Frischzellenkur für Auge, Ohr und Seele. Georg Maier greift tief in die Schatzkiste der baierischen Mundart«, schrieb ein Kritiker der *Süddeutschen Zeitung* 1996.

Seit 1966 führt Georg Maier seinen Theatergasthof, inzwischen nicht mehr als Gastronom, er konzentriert sich ganz auf seine Rolle als Autor, Regisseur und Schauspieler. Etwa 40 Stücke hat er geschrieben, der Durchbruch gelang mit der *Grattler-Oper*, die in Zusammenarbeit mit dem Autor Gerhard Loew entstand, vom Bayerischen Fernsehen aufgezeichnet und sogar im Hamburger Ohnsorg-Theater aufgeführt wurde. In Plattdeutsch natürlich, denn das Volkstheater lebt von der Sprache. Da darf es derb zugehen, der Zuschauer erwartet Intrigen und Liebe, Gier, Verwirrspiel, die Charaktere dürfen überzeichnet sein, das Publikum will lachen und mitfiebern und lässt sich auch gern aktiv ins Spiel mit einbeziehen. Aber das alles funktioniert nur, wenn die Handlung gut aufgebaut ist und vor allem die Möglichkeiten genutzt werden, die die Sprache bietet. »Maiers bewusste Auseinandersetzung mit dem Münchnerischen« hob auch Oberbürgermeister Christian Ude hervor, der 2011 die Laudatio zu dessen 70. Geburtstag hielt: »Möglich, dass es das alte Münchnerisch der Volkssänger nicht mehr gibt, die liebevolle Pflege der Sprache nach dem Zweiten Weltkrieg bis heute kann man jedoch in der Iberl Bühne erleben.«

Iberl Bühne · Wilhelm-Leibl-Str. 22 · Solln · Tel. 089/79 42 14 · www.iberlbuehne.de
Haltestelle: Bus 270 Melchiorstraße

Und ewig rauschen die Wälder

»Wenn Sie diese Zeilen lesen, bin ich nicht mehr am Leben. Bitte bewahren Sie der Frau, die gleich Ihnen Bauerntum studierte, liebte und beschrieb, ein gutes Andenken.« Diesen Brief erhielt Ludwig Thoma im Juli 1920. Er stammte von seiner Kollegin, der Schriftstellerin Lena Christ.

Die hatte ihrem Leben mithilfe eines Fläschchens Zyankali dort ein Ende gesetzt, wo sie auch begraben ist: am Waldfriedhof. Der Romantitel *Erinnerungen einer Überflüssigen* deutet an, dass Lena Christ nicht auf der Sonnenseite des Lebens stand. Mit sieben Jahren wurde sie der Obhut der Großeltern entrissen und von der Mutter in die Stadt geholt. Nicht aus Liebe – die Mutter hasste das Kind –, sie nützte die Kleine als Arbeitskraft im Gasthaus aus. Zwei gescheiterte Ehen, finanzielle Not trotz literarischer Erfolge – in ihrer Verzweiflung hatte Lena Christ Bilder gefälscht und sollte nun auch noch ins Gefängnis. Sie war 38 Jahre alt, als sie den Tod wählte.

Der Waldfriedhof erzählt natürlich auch andere Geschichten, von erfolgreichen, erfüllten Leben. Hier liegen der Maler Franz von Stuck, die Zirkusbesitzer Krone und Sembach, der Physiker Werner Heisenberg, die Sängerin Heidi Brühl, die Schriftsteller Frank Wedekind und Michael Ende und Münchner Originale wie Ida Schumacher und der Schichtl. Um nur einige zu nennen – alle aufzuzählen würde den Rahmen sprengen, der zweitgrößte Friedhof Deutschlands bietet auf einer Fläche von 161,32 Hektar Platz für etwa 64 500 Grabstätten.

Dieser Totenacker war einer von vieren, die 1899 bis 1907 nach Plänen von Hans Grässel angelegt wurden – nicht als »Acker« geometrisch gegliedert, sondern als erster in Europa in einem bereits bestehenden Wald – hier nisten sogar Füchse unter den alten Grabsteinen. Und das macht den Waldfriedhof bis heute so einzigartig und zu einem Ort, wo man in der Natur spazierend der Toten gedenken kann. Dass Grässel sein Werk liebte, steht außer Zweifel: Er liegt selbst hier.

Waldfriedhof, alter Teil · Nov.–Febr. 8–17, März 8–19, April–Aug. 8–20, Sept.–Okt. 8–19 Uhr
Fürstenrieder Str. 288 · Großhadern · Haltestelle: Bus 51, 151 Waldfriedhof

Fernost im Westpark

Eine Gartenschau ist eine feine Sache für den Gastgeber: Sie setzt bunte Akzente, lockt Touristen, die Geld dalassen, und wenn alles verblüht und abgebaut ist, sind die Bürger um eine Grünanlage reicher. In München fanden zwei Schauen statt – Fazit: der Westpark und der Riemer Park.

Und: Relikte aus einer fernen Welt, die etwas deplatziert in der bayerischen Landeshauptstadt wirken und zu der Frage anregen, wie es einen chinesischen und einen japanischen Garten, eine nepalesische Pagode und eine thailändische Sala mit Buddha-Statue an die Isar verschlug. Nun, sie stammen von der Internationalen Gartenschau aus dem Jahr 1983 – die asiatischen Nationengärten im Westpark gefielen den Münchnern so gut, dass sie sich für deren Verbleib entschieden. 1983 war München noch nicht »multikulti« und noch immer überwiegend katholisch. Heute leben Menschen aus aller Welt in der Stadt, üben ihre Religionen aus und begehen ihre Feste. Und die Einheimischen feiern mit, lauschen fremden Klängen, tanzen exotische Tänze und probieren, welche Schmankerl weltweit in den Kochtöpfen zubereitet werden.

Dabei gibt es einen Termin, den Kenner jedes Jahr im Kalender rot anstreichen: Vollmond im Mai. An diesem Tag feiern die Buddhisten ihr wichtigstes Fest, den Geburtstag Buddhas. Das Vesakh-Fest wird von den mehr als 30 buddhistischen Gruppen in München organisiert, die hier im Westpark die beste und stimmungsvollste Kulisse finden. Die Feier beginnt mit dem feierlichen Einzug der Buddhastatue, dann gestalten Künstler das Programm: vietnamesischer Löwentanz, traditionelle mongolische Musik, japanische Shakuhachi-Flöten, Tänze aus Vietnam, Thailand, Indien und vieles andere mehr. Selbstverständlich kann man auch asiatische Spezialitäten genießen – vegetarische, wie es sich bei einem buddhistischen Fest gehört. Jedes Mal wunderschön: Die abendliche gemeinsame Kerzenzeremonie – eine Lichterprozession rund um die Thai-Sala.

Westpark · Die asiatischen Nationengärten liegen östlich des Sees · Haltestelle: U Westpark
Das Vesakh-Fest findet bei Vollmond im Mai statt · www.vesakh-muenchen.de

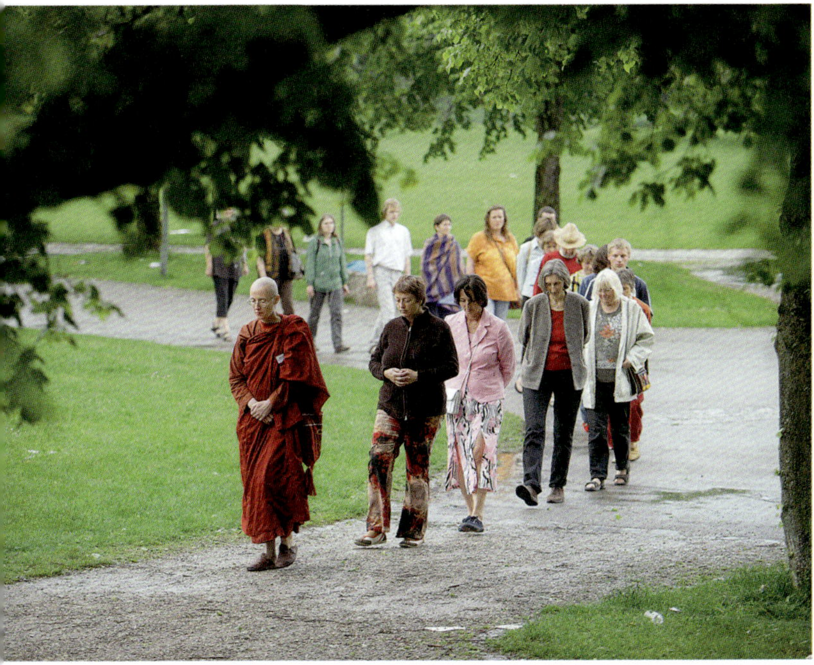

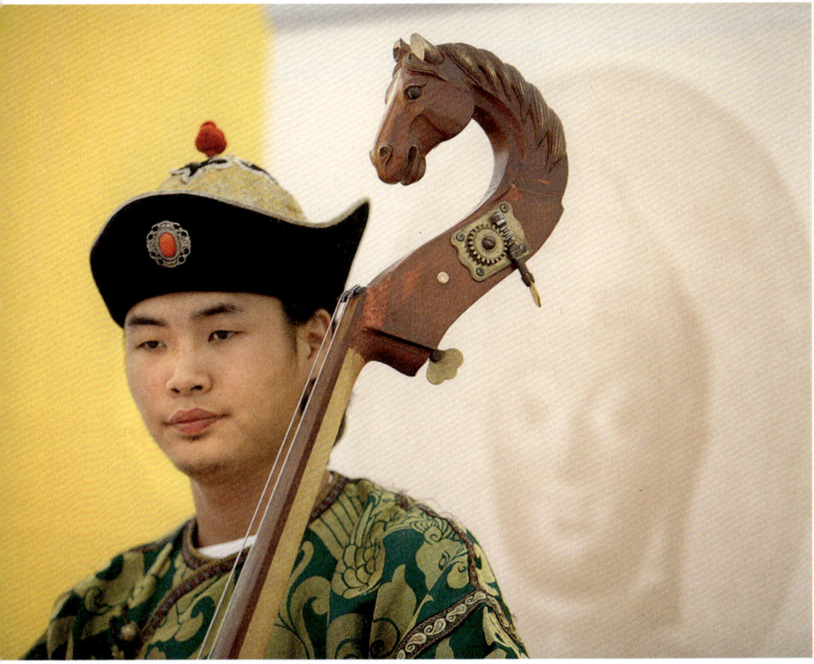

50 Hoch hinaus: sportliche Superlative

»Berge von unten, Kirchen von außen, Wirtshäuser von innen.« Ein netter Spruch, der aber längst nicht mehr die Lebensphilosophie der Münchner beschreibt. Im Gegenteil: Mit fast einer Million Menschen, die regelmäßig Sport treiben, darf sich die Stadt die sportlichste Deutschlands nennen. Dazu kommt ein weiterer Superlativ: Seit 2011 steht das größte Kletter- und Boulderzentrum der Welt an der Isar. Rund 7800 Quadratmeter Kletterfläche (davon 1200 Quadratmeter Boulderareale) bietet die vom Deutschen Alpenverein betriebene Anlage mit Indoor- und Outdoorbereichen. Wer den Einstieg wagen will: Der Münchner Alpenverein bietet Kurse für Anfänger und Fortgeschrittene an.

DAV Kletter- und Boulderzentrum München · Mo–Fr 7–23, Sa, So 8–23Uhr · Thalkirchener Str. 207 Thalkirchen · Tel. 089/18 94 16 30 · www.kbmuenchen.de · Haltestelle: U Thalkirchen

Nachtleben im Tierpark

Sich mal bei Nacht in Hellabrunn einschleichen. Wenn es ganz still ist und der Park nur den Tieren gehört. Geräusche hören, die man nicht zuordnen kann. Nachtaktive, die tagsüber in den Gehegen vor sich hindämmern oder gar nicht zu sehen sind, voll in Aktion erleben. Viele Menschen scheinen diesen Wunsch zu hegen – die Nachtführungen des Zoos sind gute sechs Monate im Voraus ausgebucht. Sie finden in kleinen Gruppen in Begleitung einer Fachkraft statt, die Tiere werden nicht durch Lichtquellen gestört – die Besucher tragen Nachtsichtgeräte. Nur bei Regen sind die nicht einsetzbar, die Führung ist aber auch bei schlechtem Wetter ein Erlebnis ganz besonderer Art.

Tierpark Hellabrunn Nachtführungen · Mo–Sa Apr.–Sept. 22 Uhr, Okt.–März 20 Uhr · Tierparkstr. 30 Thalkirchen · Tel. 089/625 08 34 · www.tierpark-hellabrunn.de · Haltestelle: U Thalkirchen

Auf Augenhöhe mit hohen Tieren

Man bräuchte keine Statistik, um zu wissen, dass die Giraffen die größten Tiere in Hellabrunn sind. Da es aber Angaben gibt – der Tierpark macht regelmäßig Inventur –, kann belegt werden, dass der Giraffenbulle Togo der Größte unter seinesgleichen und den übrigen rund 19 000 Zoobewohnern ist.

4,40 Meter Scheitelhöhe misst Togo, und er war es bislang nicht gewohnt, mit Menschen auf Augenhöhe zu verkehren. Doch seit die Giraffen umgezogen sind, muss er damit leben, dass kleine Menschenköpfe vor seiner Nase auftauchen und ihn durch eine Glasscheibe neugierig beäugen. Möglich macht das eine zweistöckige Aussichtsplattform, die Mensch über eine Brücke erreicht. Wenn die Tiere keinen Wert auf Kontakt legen, haben Togo, die Giraffenkuh Kabonga und der im März 2013 geborene Bulle Naledi Platz genug, sich zurückzuziehen. Ihr den Feuchtsavannen Afrikas nachempfundenes Reich ist rund 10 000 Quadratmeter groß, und auch was den »Stall« betrifft, haben die Tiere sich durch den Umzug verbessert, das neue Giraffenhaus bietet fünfmal mehr Platz als das alte im Elefantenhaus.

Letzteres gehört zu den historischen Schmuckstücken des Parks. Es wurde 1914 fertiggestellt, mit seiner 18 Meter hohen Betonglas-Konstruktion schuf der Architekt Emanuel von Seidl eine der ersten freitragenden Betonkuppeln weltweit. Seidl betätigte sich hier auch als Landschaftsarchitekt, das eingewachsene Hanggelände am östlichen Isarufer, das er zum Park für naturnahe Tierhaltung gestalten sollte, bot ideale Bedingungen: Auenlandschaft mit altem Baumbestand, Bäche und kleine Seen, mächtige Nagelfluhfelsen. Heute gelten die Maßstäbe der artgerechten Tierhaltung, und so wird in Hellabrunn ständig gebaut, renoviert und verändert, primär, um den Tieren einen möglichst authentischen Lebensraum zu schaffen, aber auch unter dem Anspruch, ästhetisch Ansprechendes wie das Giraffenhaus (Architekturbüro dan pearlman) in den herrlichen Naturpark zu setzen.

Tierpark Hellabrunn · April–Sept. 9–18, Okt.–März 9–17 Uhr · Tierparkstr. 30 · Tel. 089/62 50 80
www.tierpark-hellabrunn.de · Haltestelle: U Thalkirchen

Gotik und Rokoko in strahlender Symbiose

Sollten beim Besuch des nahen Zoos und angesichts der erstaunlichen Leistungen, zu denen Tiere fähig sind, Zweifel aufgekommen sein, ob wir wirklich die Krone der Schöpfung sind, ist die Kirche St. Maria Thalkirchen der rechte Ort, um das angeknackste Selbstbewusstsein aufzurichten.

Nicht durch die Bestätigung der Spitzenposition durch den Schöpfer, sondern durch den Genuss dessen, was nur Menschen können: Kunstwerke schaffen. In dem kleinen Gotteshaus, das als »Kirche im Thal« 1268 zum ersten Mal erwähnt wurde und Thalkirchen seinen Namen gab, haben die großen Künstler ihrer Zeit gewirkt. Wie der spätgotische Bildhauer und Schnitzer Michel Erhart, vom dem auch der berühmte Hochaltar im Benediktinerkloster Blaubeuren stammt. Er schuf um 1482 das Gnadenbild *Madonna mit Kind*, das ursprünglich Teil des gotischen Flügelaltars war, und die beiden Bischöfe Ulrich und Korbinian.

▶ **Im Biergarten vom »Alten Wirt« (Fraunbergstr. 8) sitzt man gemütlich und kann bayerische Küche zu fairen Preisen genießen – hier essen viele, die in der nahen Jugendherberge absteigen.**

Wie nahezu alle bayerischen Gotteshäuser wurde auch die Wallfahrtskirche St. Maria barockisiert. Bei diesen Umbauten gingen viele gotische Schätze verloren, und ganz selten gelang so ein Meisterwerk, wie es hier zu sehen ist. Ignaz Günther wurde um 1760 mit dem Bau des Hochaltars beauftragt und schuf den rückwärtigen Altaraufbau mit Strahlenglorie und den Engel, der sich der Madonna mit Kind von Michel Erhart nähert – Spätgotik und Rokoko in einzigartiger Weise vereint. Ebenfalls von Günther: die Figuren St. Joachim und St. Anna. Der dritte Meister, der zum Erscheinungsbild beitrug, war der Architekt Gabriel von Seidl, von dem unter anderem auch das Bayerische Nationalmuseum und das Lenbachhaus stammen. Er erweiterte die Kirche 1907/08 und brachte jugendstilartige neubarocke Elemente ein – drei Epochen, zu einem Gesamtkunstwerk vereint.

St. Maria Thalkirchen · Fraunbergplatz 1 · Haltestelle: U Thalkirchen

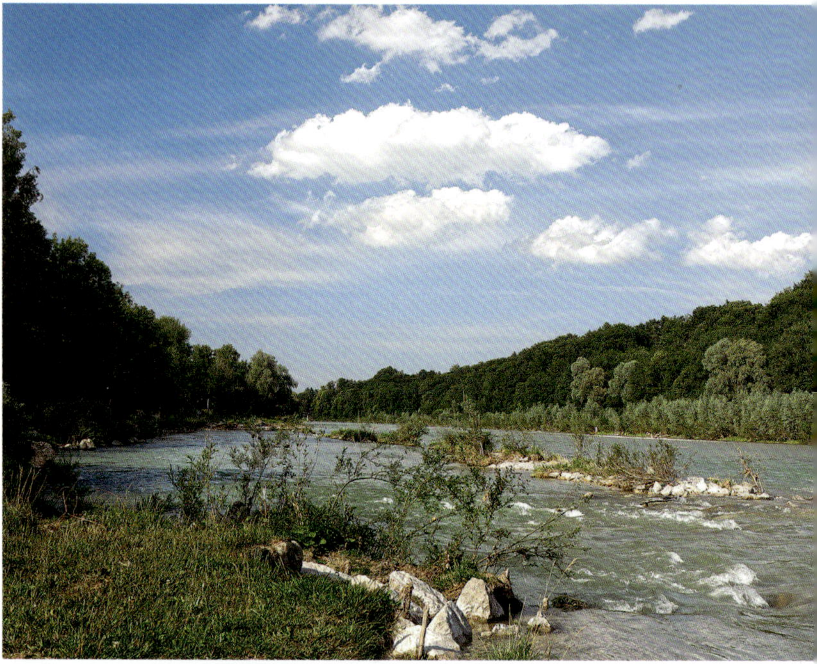

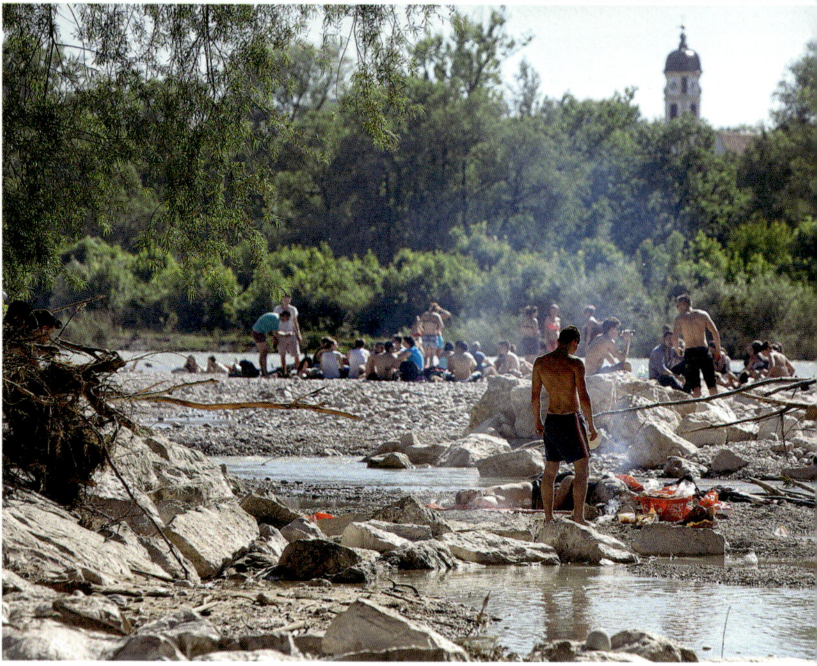

Die Natur zieht in die Stadt: Lebensraum Isar

54

Die Schotten haben ihr Nessie, die Münchner ihr Isar-Krokodil. Nach dem Platz, an dem er angeblich gesichtet wurde, heißt er »Roeckl-Huchen«. 1,30 Meter soll der Fisch lang sein, 25 bis 30 Kilogramm wiegen, und so stark und schlau ist er, dass ihn noch keiner fangen konnte.

Anglerlatein? Tatsache ist, dass der Huchen, der größte, ständig in Süßwasser lebende Lachsfisch, in der Isar heimisch ist, im April laichen die Tiere unter der Brudermühlbrücke. München ist die einzige Millionenstadt der Welt, durch die ein Wildfluss fließt, und seit 2011 die Renaturierung im Süden abgeschlossen wurde, kann »die Reißende« sich wieder gebärden wie es ihr gefällt: sich ausbreiten, Inseln und Kiesbänke bilden und abtragen, ihre Fließgeschwindigkeit nach Lust und Laune variieren.

Die Natur dankt den Stadtplanern: Pflanzen siedeln sich an, Insekten bieten Fischen Nahrung, mitten im Stadtgebiet finden Wiesensalbei und Sonnenröschen, Äsche und Barbe, Wechselkröte und Flussregenpfeifer ein Habitat. Die Wasseramsel, einer der wenigen Singvögel, die schwimmen und tauchen können, schätzt das sauerstoffreiche Isarwasser, und auch die Biberfamilie, die hier – mitten in der Stadt! – lebt, kann nicht klagen: Bei den Arbeiten am Flussstück beim Deutschen Museum wurde ein neuer Seitenarm geschaffen, der zum Biotop der Nager führt.

Wohnraum für Flora und Fauna plus Freizeitfläche schaffen – das Isar-Naturierungs-Projekt wollte beides, aber jeden Sommer zeigt sich, dass das die Quadratur des Kreises ist. Landschaftsschutzgebiet hin oder her – am Flaucher wird jede Nacht gegrillt, gelärmt, Lagerfeuer lodern, Müll bedeckt den Partystrand. Da bleibt der Natur nur der Rückzug: Die Enten und Gänse haben ihren Lebensraum schon verlassen und sind nach Hellabrunn gezogen, aber auch dort finden sie keine Nachtruhe: Lärm und Rauch ziehen bei Westwind in den Zoo und stören auch die Tiere, die nicht freiwillig in die Stadt gekommen sind und daher auch nicht einfach wegziehen können.

Renaturierte Isar
Die Flussstrecke reicht von der Großhesseloher Brücke bis fast zum Deutschen Museum

55 Die dritte Frau – Aneta, Emmy oder Therese?

Fast 150 Jahre waren sie unter sich, doch sie beklagten sich nicht. Männer ohne Unterleib leiden nicht unter Frauenmangel. Und so war es den Herren in der Ruhmeshalle auch egal, dass 2000 erstmals Damen Büste zeigten: die Schriftstellerin Lena Christ und die Schauspielerin Clara Ziegler.

Die dreiflügelige Säulenhalle oberhalb der Theresienwiese wurde 1843 bis 1853 von Leo von Klenze errichtet. Dem Wunsch des Auftraggebers König Ludwigs I. entsprechend sollten hier Männer aufs Podest gehoben werden, die sich um Bayern verdient gemacht hatten: Philosophen, Theologen, Künstler und Wissenschaftler. Als die Ruhmeshalle 1966 nach Kriegszerstörungen wiedereröffnet wurde, beschloss man, die Tradition fortzuführen und weitere Ehrwürdige aufzunehmen. Männer natürlich.

Dann nahte das 21. Jahrhundert, und irgendwie muss auch in Bayern die Erkenntnis angekommen sein, dass zweierlei Geschlechter die Welt bevölkern. Offensichtlich nicht bekannt war, dass die Menschheit zu 50 Prozent aus Frauen besteht: sieben neue Büsten, zwei Frauen. Blitzlichtgewitter und wohlgesetzte Reden begleiteten deren Enthüllung, und die Entscheider waren mächtig stolz: Nun konnte niemand mehr behaupten, Bayern sei kein fortschrittliches Land.

Als die dritte Frau ankam, war kein Reporter zugegen. Und das war auch gut so. Die Kunststudentin Aneta Steck hatte ganz bewusst einen frühen Sonntagmorgen im November 2006 gewählt, um mit Freunden eine Gipsbüste über zwei Zäune zu hieven und ihr dann einen Platz auf einem der leeren Podeste zuzuweisen. Und da stand »Aneta Steck Künstlerin« nun unter all den Ehrwürdigen. Gips neben Marmor. Und niemand bemerkte es. Erst ein Bericht im Radio Bayern 2 rief nach sieben Monaten die Behörden auf den Plan, und die kamen und konfiszierten. Gelernt haben sie nichts durch die Aktion – 2009 sechs neue Büsten, zwei Frauen: die Forscherin Therese von Bayern und die Mathematikerin Emmy Noether.

Ruhmeshalle · April–15. Okt. 9–18 Uhr, während der Wiesn geschlossen · Theresienhöhe 16
Sendling · Haltestelle: U Theresienhöhe

THERESE
PRINZESSIN v. BAYERN
FORSCHERIN

TONI
200

»An Schädel hau ma euch runter«

»Auf geht's beim Schichtl« ist ein geflügeltes Wort im wahrsten Sinne – es hat sich verselbstständigt, den Bereich der Wiesn und der Schaustellerei verlassen und wird nicht nur benutzt, wenn man aufs Oktoberfest geht, sondern auch dann, wenn man schwungvoll etwas anpacken will.

»Zuerst zog eine kleine Blaskapelle mit Trompete, Bombardon, Klarinette und Trommel auf. … Dann stellten sich auf der schmalen Veranda der Bude die Mitglieder der Schichtltruppe dem staunenden Publikum vor: Ringkämpfer, Zauberer, Schlangenmenschen, Entfesselungskünstler, Jongleure, Zukunftsdeuter und vier verheißungsvoll verschleierte Haremsdamen.«

Ganz so aufwendig ist das Vorprogramm, das Sigi Sommer 1955 in *Eine kleine Erinnerung an das Oktoberfest* beschrieb, heute nicht mehr. Aber die Vorstellung des »Schichtl Kabinetts« gehört noch immer dazu. Die dicke Biggi, der Henker Ringo der Schreckliche, die Schichtelin und die anderen Mitglieder der Truppe treten vors Publikum, wortgewaltig eingeführt vom Schichtl. Dessen Witze, Zoten, Sprüche, die Ankündigung von einmaligen Nummern sollen die Leute anlocken und zum Eintritt in das kleine Theater verführen. Die größte Sensation verkündet der Schichtl mit den Worten: »An Schädel hau ma euch runter, egal ob Mensch oder Preiß!« Denn das Enthaupten einer Person aus dem Publikum ist die Zugnummer des Varietés, das seit 1869 existiert, damals als »Original-Zauber-Spezialitäten-Theater«. Neben dem Schichtl gibt es eine ganze Reihe traditioneller Fahrgeschäfte wie die Hexenschaukel (1894), den Toboggan (1908), Feldl's Teufelsrad (1910), den Kettenflieger (1919), die Krinoline (1924) oder Pitt's Todeswand (1932). Einige sind zu altersschwach, um herumzureisen, und präsentieren sich nur noch auf dem Oktoberfest.

▶ **Nostalgiker zahlen gern die paar Euro Eintritt für die »Oide Wiesn« (jährlich, setzt aber alle vier Jahre aus, zuletzt 2012). Dort kann man gemütlich feiern, so wie früher, als das Volksfest noch kein »Event« war.**

57

»Dinge, die die anderen gerne übersehen«

Pestalozzistraße 51. Ruhig ist es hier. Der Alte Südliche Friedhof liegt nur wenige Meter Luftlinie entfernt. Bäume und Grünstreifen säumen das Kanalbett des Westermühlbachs, der hier oberirdisch Richtung Isar fließen darf nach seiner langen Reise durch die Röhren unter der Stadt.

Ruhe strahlen auch die Bilder aus, die an der weißen Mauer zu sehen sind. Sie wirken wie aus einer vergangenen Zeit – vielleicht weil es sich um Sepia-Fotografien handelt, eine Technik, die für Patina sorgt. Vielleicht aber auch, weil die Themen Konzentration vermitteln – das sind Menschen, die ihrer Arbeit nachgehen. Schnee von den Stufen vor der Maximilianskirche räumen, die Müllberge nach einem Straßenfest entfernen. Ein Reisigbesen in Großaufnahme ist zu sehen, ein anderes Foto zeigt Kinder, die einem Straßenkehrer zusehen, wie er sich auf die Arbeit vorbereitet: durch das händische Binden ebenjener Besen. Aus vier Tafeln im Querformat besteht die Galerie, 16 Fotos, die Szenen aus dem Viertel festhalten, gesehen von einem, der täglich dafür sorgt, dass der Müll weggeräumt wird.

Der Name des Künstlers steht nirgends, aber das macht nichts, die Leute im Glockenbachviertel kennen Frank Eydner, genannt Franky. Seit 1986 arbeitet er bei der Stadtreinigung, seine Bilder wurden schon in diversen Ausstellungen gezeigt, das Fernsehen drehte dokumentarische Porträts. »Beim Kehren hat man Zeit, und die nutze ich für Kreativität«, sagt der 45-Jährige. »Da sieht man Dinge, die die anderen gerne übersehen.« Die Gentrifizierung des Glockenbachviertels hat Franky hautnah erlebt. »Das ist nicht mehr mein Viertel«, sagt er. »Da sieht man keine Menschen mehr mit Arbeitshosen, das Leben ist nicht mehr authentisch, das ist inszeniertes Leben.«

Seine Bilder werden übrigens bald historischen Wert haben. Das schöne Ritual des Reisigbesenbindens wird verschwinden, der Nachfolger aus Plastik steht schon im Hof bereit.

Fotogalerie mit Werken von Frank Eydner · Pestalozzistr. 51 · Ludwigsvorstadt-Isarvorstadt/Glockenbachviertel · Haltestelle: Bus 58 Baldeplatz

Kopfgeld für Leo von Klenze

58

Obwohl sie unter demselben Auftraggeber litten, waren die beiden Erzrivalen. Doch scheint darauf niemand Rücksicht zu nehmen: Man hat sie nebeneinander auf den Südlichen Friedhof gelegt und vereint sie auch im Stadtraster: Die Straße des einen quert den Platz des anderen.

Kein Herrscher hat das Stadtbild so nachhaltig geprägt wie Ludwig I. Er wusste, was er wollte, und dazu brauchte er einen Baumeister, der seine Ideen umsetzte. Die Wahl fiel auf Klenze, der König lockte ihn mit dem Auftrag für die Glyptothek in die Stadt, überhäufte ihn mit Ämtern und Geld und trieb ihn zur Verzweiflung: »O! Es ist wahr, ich habe dem Herrn fast alles zu verdanken, was ich materiell geleistet habe und was ich bin, aber glaubt es mir … ich habe bittre! bittre Augenblicke mit ihm verlebt«, klagte Leo von Klenze. Zum Bruch mit dem beratungsresistenten Monarchen kam es beim Bau der Ludwigstraße, der König suchte einen anderen Architekten und kürte ihn zum Star: Friedrich von Gärtner.

Gärtner starb 1847, Klenze 1864. Drei Jahre nach Klenzes Tod hob man die beiden aufs Podest. Und da standen die Rivalen nun auf dem Gärtnerplatz. Überlebensgroß und auf stattlichen Sockeln. Das Aus kam 1942. Die Statuen wurden als »Reichsmetallspende« eingeschmolzen. Auch Köpfe in die Flammen zu werfen, schien einigen Arbeitern wohl pietätlos, und so blieb Gärtners Haupt verschont und kehrte nach dem Krieg als Stelenbüste auf den Platz zurück.

Wenn Gärtner seinen Kopf retten konnte, existiert vielleicht auch Klenzes Haupt, dachten die Besitzer des Hotels »Deutsche Eiche« und setzten 1997 ein »Kopfgeld« aus. Mit Erfolg: Man fand das Gipsmodell, die »Deutsche Eiche« stellte die nötigen Mittel zur Verfügung, und so stehen sie beide als Stelenbüsten wieder nebeneinander. Bleibt die Frage, ob die Wirte sich überlegt haben, was sie Klenze und Gärtner mit ihrer Aktion antun. Konkurrenten wiedervereint – ob sie darüber glücklich sind?

Gärtnerplatz-Rondell · Stelenbüste von Friedrich v. Gärtner von Max v. Widnmann; Stelenbüste von Leo v. Klenze von Friedrich Brugger · Ludwigsvorstadt-Isarvorstadt/Gärtnerplatzviertel Haltestelle: U/SMarienplatz

Stadtblick von der Krone der Eiche

Das Schild »Nur für Gäste« sollte nicht abschrecken: Gast ist in der »Deutschen Eiche« jeder, der einen Kaffee bestellt. Mit dem oder einem anderen Getränk darf man den Lift besteigen und hinauffahren zur Dachterrasse, wo sich der Blick über ganz München genießen lässt.

Wer vorher einen Termin vereinbart, kommt sogar in den Genuss einer Führung. Dietmar Holzapfel kennt und benennt jedes Gebäude, jedes Türmchen, auch wenn es noch so unscheinbar aus dem Häusermeer ragt. Und er vermittelt Insider-Information, wie z.B. die, dass man vom Dach der »Eiche« direkt auf die begrünte Terrasse von Bastian Schweinsteiger schauen kann.

Als Holzapfel und sein Partner das Lokal renovierten, hatten sie freie Hand: Obwohl 1864 erbaut, steht das Haus nicht unter Denkmalschutz. Bürokratische Schwierigkeiten gab es dann beim Bau der Terrasse, die empfand die Behörde als »verheerenden Einschnitt in das Ensemble Gärtnerplatz«. Seltsam, sie ist von unten gar nicht zu sehen. Mit viel Einfallsreichtum und etwas Bußgeld gelang es dann doch, die Genehmigung zu erhalten und eine relativ große Fläche aufs Dach zu zaubern, auf der sich auch Feste feiern lassen.

▶ **Die Sauna der »Eiche« erstreckt sich über 1500 Quadratmeter und ist der beliebteste Schwulentreff Münchens. Wer neugierig ist: Wenn kein Saunabetrieb ist, bieten die Besitzer Führungen an.**

Die »Eiche« zählt zu den ältesten und bekanntesten Schwulenlokalen in Deutschland. Bereits in den 1950er-Jahren entdeckten Tänzer aus dem Ensemble des Gärtnerplatztheaters die Gaststätte. Sie wurde früher von zwei Frauen geführt, die ihre Jungs auch in den Jahrzehnten, als Homosexualität noch strafbar war, im »Mutterhaus« willkommen hießen. Ab 1974 hielt dann Rainer Werner Fassbinder hier Hof, verliebte sich unsterblich in den Aushilfskellner und trug zum Ruhm der »Eiche« bei, indem er sie in einigen seiner Filme verewigte.

Hotel Restaurant »Deutsche Eiche« · Restaurant 7–1 Uhr · Reichenbachstr. 13 · Ludwigsvorstadt-Isarvorstadt/Glockenbachviertel · Tel. 089/231 16 60 · www.deutsche-eiche.com
Haltestelle: S/U Marienplatz

60 Wo der Krimifan aufs Glatteis geführt wird

Mord, Betrug, Intrigen, Entführungen – Monika Dobler hat ihr berufliches Leben den dunklen Seiten des Menschen gewidmet. Erstaunlich, dass sie dabei so ruhig und freundlich ist. Vielleicht weil sie weiß, dass es natürlich auch die Guten gibt, die sich nicht aufs Glatteis führen lassen, für Gerechtigkeit sorgen, Verbrechen aufklären und am Ende den gelösten Fall präsentieren. Im »glatteis«, der einzigen Krimibuchhandlung Bayerns, findet man nicht nur alles, was zum Genre gehört, – natürlich auch Krimis, die in München spielen – Krimiliebhaber werden auch gut und kenntnisreich beraten. Gruselig-gemütlich: die regelmäßig stattfindenden Autorenlesungen, Kult in der Szene der Münchner Krimifans.

Glatteis · Mo–Fr 12.30–19, Sa 10–16 Uhr · Corneliusstr. 31 · Ludwigsvorstadt-
Isarvorstadt/Glockenbachviertel · Tel. 089/201 48 44 · www.glatteis-krimis.de
Haltestelle: U Fraunhoferstraße

Fashion made in Klenzestraße

Wohin kommt man mit dem Lebensmotto: »Gehe nie zu weit, aber gehe immer weit genug!«? Um die ganze Welt, in die besten Modegeschäfte aller Metropolen, auf die Pariser Fashion Week, an die Körper von Hollywoodstars. Es begann 2000 in der Klenzestraße, wo Johnny Talbot und Adrian Runhof ihr Modelabel Talbot Runhof gründeten. Der Adresse sind sie treu geblieben, ihr Flagship-Store ist eine Hommage ans Glockenbachviertel, in dem viele Kreative arbeiten. Freilich nicht alle zählen Angelina Jolie, Daryl Hannah, Nora Tschirner und Maria Furtwängler zu ihren Kunden. Die schätzen die Entwürfe der Designer – ungewöhnliche Stoffe, raffinierte Schnitte, subtile Eleganz.

Talbot Runhof · Mo–Fr 10–18.30, Sa 10–18 Uhr · Klenzestr. 41 · Ludwigsvorstadt-
Isarvorstadt/Glockenbachviertel · Tel. 089/23 66 73 15 · www.talbotrunhof.com
Haltestelle: U Fraunhoferstraße

62 Mit Siebenmeilenstiefeln durchs Weltall

Seit 2006 ist Pluto kein Planet mehr. Kleinliche Wissenschaftler haben ihm den Status genommen und ihn zum Zwergplaneten degradiert. Da ist er selber schuld. Pluto hat nicht für Ordnung gesorgt, er hat seine Nachbarschaft nicht »von anderem kosmischen Material freigeräumt«.

Pluto hat Glück, dass der Planetenweg in München 1995 eröffnet wurde, als sein Ruf noch unantastbar war. So darf er nach wie vor als neunter Planet den Abschluss des Themenpfades bilden, der vom Deutschen Museum am östlichen Isarufer entlang bis nach Hellabrunn führt. Der Spaziergang beginnt bei der Sonnenkugel im Innenhof des Museums und passiert die Stationen Merkur, Venus, Erde, Mars, Jupiter, Saturn, Uranus, Neptun und Pluto. Informationen über den jeweiligen Planeten und das Sonnensystem findet man auf Säulen am Wegrand. Die Entfernung der Trabanten von der Sonne sind maßstabsgetreu nachgestellt: Um die 4,5 Kilometer lange Strecke zurückzulegen, muss ein Erwachsener 5900 Schritte machen – jedes Mal, wenn er den Fuß auf die Erde setzt, legt er im Weltall eine Million Kilometer zurück.

▶ **Das »Wirtshaus in der Au« (Lilienstr. 51) ist berühmt für seine Knödelvielfalt. Hier kann man (mit oder ohne Fleisch) Semmel- und Kartoffelknödel genießen und neue Kreationen wie Rote-Bete-Knödel probieren.**

Das Sonnensystem »begehbar« machen und damit seine Größenverhältnisse demonstrieren, das hätte Oskar von Miller gefallen. Zu diesem Zweck gründete er das Deutsche Museum: Wissenschaft und Technik sollten begreifbar werden – im wahrsten Sinn des Wortes. Miller wollte den Besuchern auch Aussehen und Bewegungen von Sonne, Mond und Sternen vorführen. Ursprünglich war eine betretbare Blechkugel mit beleuchteten Sternenlöchern geplant, doch dann entwickelte die Firma Zeiss die geniale Idee, die Demonstration mithilfe von Projektoren durchzuführen. Heute arbeiten Planetarien auf der ganzen Welt mit dieser Technik – das in München 1925 eröffnete war das erste.

Planetenweg, vom Deutschen Museum zum Tierpark Hellabrunn · Ausgangspunkt Deutsches Museum · Museumsinsel 1 · Tel. 089/217 91 · www.deutsches-museum.de · Haltestelle: S Isartor

Römer, Iren und eine Eiserne Jungfrau

Man stelle sich einen modernen Spa vor. In sanftes Licht getaucht, mit esoterischer Musik und plätschernden Feng-Shui-Brunnen. Und dann ein Tauchbecken im Saunabereich, das den Namen »Waterboarding« trägt. Das ginge natürlich gar nicht und würde mit Recht Stürme der Entrüstung hervorrufen.

Ende des 19. Jahrhunderts, als das Müller'sche Volksbad erbaut wurde (1897–1901), hatte man weniger Hemmungen. Die vom Architekten Carl Hocheder entworfene Dusche im römisch-irischen Schwitzbad heißt »Eiserne Jungfrau« und trägt somit den Namen eines mittelalterlichen Folterinstruments. Wer auf die Bezeichnung kam, ist nicht überliefert, vermutlich einer der Arbeiter. Mag sein, dass ihn die Form an die Eiserne Jungfrau erinnerte – man betritt ein Dreiviertelrund aus horizontal verlaufenden kupfernen Rohren – oder er hasste kaltes Wasser und empfand es als Folter, damit bespritzt zu werden. Die Eiserne Jungfrau in dieser Bauform ist einzigartig. Wenn man auf den Knopf drückt, sprüht das Wasser aufsteigend aus den Rohren bis zu einer Höhe von zwei Metern und kühlt den Körper ringförmig ab. Das tut gut, denn an diesem Punkt hat man sich bereits in den drei Warmlufträumen des Schwitzbads aufgehalten und sich langsam erwärmt: erst 45, dann 60 und schließlich 80 Grad.

Wie die Dusche, blieb das gesamte Volksbad so erhalten, wie es um die Wende zum 20. Jahrhundert im Neobarock mit Jugendstilelementen gestaltet und ausgestattet wurde. Für diejenigen, die hier die Wartungsarbeiten vornehmen, ist das eine Herausforderung. Wenn irgendetwas kaputt geht, und sei es nur ein Wasserhahn, lässt sich der nicht durch ein Baumarktprodukt ersetzen, er muss von einer Spezialfirma original im Jugendstil nachgebaut werden. Da kommt es schon mal vor, dass etwas nicht so funktioniert wie in einem modernen Bad, aber die Stammgäste nehmen's gelassen. Schließlich ist das Volksbad das »Opernhaus unter den Bädern«, und kleine Altersschwächen verzeiht man ihm gern.

Müller'sches Volksbad · Schwimmhalle 7.30–23, Sauna 9–23, Wannen- und Brausebad
Mo 17.30–20.30, Mi, Fr 8–13.30 Uhr · Rosenheimer Str. 1 · Au-Haidhausen
Haltestelle: S, Tram 16 Rosenheimer Platz

Ein Raum, der Sammlung zulässt

Barocke Vollbusigkeit, strahlendes Rokoko, Gold und niedliche Put-ten, Deckenfresken, die bunte Geschichten erzählen – das gehört zu Bayern, das erwartet man auch in Münchner katholischen Kirchen. Einige fallen aus dem Rahmen. Moderne und eine aus den 1950er-Jahren, die kaum jemand kennt.

»Was ist denn die Funktion einer Kirche? Die Funktion einer Kirche ist, die Menschen aus der Zerstreutheit in die Sammlung zu führen. Wenn ich Sammlung will, muss der Raum so sein, dass er Sammlung zulässt.« Diese Worte von Alexander von Branca sind Programm für die Herz-Jesu-Kloster-kirche. 1953 bis 1955 errichtet, ist sie einer der ersten modernen Sakral-bauten und das erste Gotteshaus in der Stadt, das vollständig als Stahlbetonbau ausgeführt wurde. Ihr Reiz liegt im Schlichten: Steil propor-tioniert erhebt sich über engem Grundriss eine hohe dreischiffige Halle, schmuckloser Sichtbeton, das auf den Altar gelenkte Licht kommt von oben.

Der Architekt Alexander von Branca (1919–2011) hat das Stadtbild ent-scheidend geprägt, nicht nur durch seine Bauten, darunter die Neue Pina-kothek, die Olympia-Pressestadt und die Gestaltung der U-Bahnhöfe Marienplatz, Theresienwiese und Prinzregentenplatz. Er war auch 16 Jahre lang Stadtheimatpfleger und mitverantwortlich dafür, Neu- und Umbau-ten unter dem Aspekt der Wahrung der städtischen Identität zu prüfen.

Den Altarblock in der Herz-Jesu-Klosterkirche schuf Fritz Koenig, der durch die Anschläge in den USA vom 11. September 2001 international bekannt wurde: Seine Skulptur *The Sphere* überstand den Einsturz der bei-den Hochhaustürme und steht heute im New Yorker Battery Park. Von ihm stammt auch der *Klagebalken* im Olympiadorf (Hans-Braun-Brücke), der an das Attentat am 5. September 1972 erinnert. Der zehn Meter breite Granitmonolith trägt die Namen derer, die bei der Geiselnahme durch ein palästinensisches Terrorkommando ums Leben kamen: elf israelische Sport-ler und ein deutscher Polizist.

Herz-Jesu-Klosterkirche · Wenn die Kirche geschlossen ist, sich an die Klosterpforte wenden
Buttermelcherstr. 10 · Ludwigsvorstadt-Isarvorstadt/Gärtnerplatzviertel
Haltestelle: U Fraunhoferstraße

Ein Rad kommt schwer in Schwung

Keiner weiß, ob die Geschichte wahr ist, aber sie wurde in den 1950er- und 1960er-Jahren gern erzählt: Der Hausmeister des St.-Anna-Gymnasiums sei im Keller der Schule in den Bach gefallen und, mitgerissen von dessen unterirdischem Lauf, erst im Eisbach wieder ins Freie gelangt.

Eine schaurig-schöne Vorstellung für Mädchen, die in dieser Zeit noch autoritär erzogen wurden und im Hausmeister eine besondere Schreckgestalt sahen: Da treibt er, der Polterer, hilflos der Macht der Natur ausgesetzt! Die Geschichte erfüllt die Kriterien einer modernen Sage, sie könnte wahr sein. Wo 1910 bis 1912 das Schulgebäude errichtet wurde, stand vordem eine Mühle. Die Stadt hatte das Gelände erworben, um – nach heftigem Drängen des »Vereins für Fraueninteressen« – eine Schule zu errichten, in der Mädchen höhere Bildung erlangen konnten. Naturwissenschaften schloss der Lehrplan allerdings aus, denn, so der damalige Stadtschulrat Kerschensteiner, »der Mädchenorganismus« sei »noch viel weniger gewachsen als ein Knabenorganismus«, um auch noch dieses Pensum zu bewältigen.

Die Schule, in der heute beide »Organismen« lernen, wurde 2006 bis 2010 generalsaniert – eine wunderbar geglückte Leistung, bei der auch kleine historische Details erhalten blieben und moderne Technik einzog, die zeitgemäßen Unterricht ermöglicht. Im Rahmen der Umbauarbeiten beschloss man, den Bach wieder in die Pflicht zu nehmen. Nicht zum Hausmeistertransport, sondern zur Strom- und Wärmeerzeugung. Hinter einer Verglasung im Jugendstil-Treppenhaus wurde ein hölzernes Wasserrad angebracht, Schautafeln über die Münchner Bäche und Displays zur Energieversorgung bereiten das Thema didaktisch auf. Selbst nach zweijährigen Nachbesserungen klagen die Nachbarn über Lärm, und so kommt das Rad nur selten in Schwung. Bleibt zu hoffen, dass sich ein Kompromiss findet und der Traum von der energetischen Eigenversorgung wahr wird.

Städtisches St.-Anna-Gymnasium · St.-Anna-Str. 20 · Lehel · www.sag.musin.de
Haltestelle: U Lehel, Tram 18

Nur auf Privatgrund:
Steine des Anstoßes

66

Es gibt sie in neun europäischen Ländern und 750 deutschen Kommunen. Nur in München sind sie so selten, dass sie in dieses Buch gehören: Stolpersteine. Das sind kleine, in den Gehsteig eingelassene Tafeln, die an den letzten Wohnort von Menschen erinnern, die Opfer des NS-Terrors wurden.

Die 10 x 10 Zentimeter großen, messingbeschlagenen Gedenksteine zu verlegen, ist in München verboten. Das beschloss der Stadtrat 2004 und stellte unter Beweis, wie schnell der bürokratische Apparat arbeiten kann, wenn er denn will: Im Mai waren die zwei Stolpersteine verlegt worden, eine Schülerinitiative, die das Schicksal eines jüdischen Ehepaars erforschte, das aus seiner Wohnung verschleppt und in Litauen ermordet worden war, hatte das Geld gesammelt. Der Sohn war anwesend und wünschte ausdrücklich diese Form des Gedenkens an seine Eltern.

Die Präsidentin der Israelitischen Kultusgemeinde München und Oberbayern findet diese Form des Gedenkens abstoßend. Sie führt dafür Gründe an, die zu respektieren sind. Aber sind nicht auch die Gefühle des Sohns zu respektieren? Nein, sagte der Stadtrat und erließ mit überwältigender Mehrheit ein Verbot. Es gebe genug offizielle Gedenkstätten für die Opfer des Nationalsozialismus. Schon am nächsten Morgen rückten die Arbeiter aus und entfernten die Stolpersteine. Ein schönes Lehrstück für die engagierten Schüler zum Thema Demokratie und Gedenk-Dirigismus.

Seitdem können die Stolpersteine nur auf privatem Grund verlegt werden. In Einfahrten oder an der Grenze zum öffentlichen Gehsteig. Das ist natürlich nicht im Sinn des Bildhauers Gunter Demnig, der das Gedenkprojekt initiierte und für seine Arbeit mehrfach geehrt und ausgezeichnet wurde. Die Steine sollen im wahrsten Sinne des Wortes »im Weg liegen«, zum Nachdenken animieren und die Botschaft vermitteln: Das waren keine anonymen Opfer, es waren Nachbarn, Menschen aus unserer Mitte, die gedemütigt, verschleppt, gequält, ermordet wurden.

Stolpersteine Widenmayerstr. 16 · Im April 2013 wurden hier drei Steine verlegt
Weitere: Lindwurmstr. 205, Haydnstr. 12, Kyreinstr. 3, Victor-Scheffel-Str. 14, 16, 19
www.stolpersteine-muenchen.de

67 Wo inmitten von Boutiquen der Hammer hängt

Was gehört in eine Münchner Küche? Nicht das »Frühstücksbrett mit Dackel in Lederhose« oder die »Relieftasse im Trachtenlook«. Weder die »Schürze Alpenmodell« mit Bergkette und viel nacktem Fleisch noch der Toaster, der das Logo FCB aufs Brot brennt und »FC Bayern, Stern des Südens« singt.

All diese Unsäglichkeiten findet man im Internet. Was man aber wirklich braucht in der Münchner Küche, findet man beim Suckfüll. Zum Beispiel eine Guglhupfform, in der sich der Hefeteig schön entfalten kann – so ein Kuchen, der besonders gut schmeckt, wenn man neben den Rosinen noch gemahlene Mandeln beimischt, zum Nachtisch im Biergarten kredenzt, da freuen sich die Freunde.

Für den sommerlichen Abend unter Kastanien steht in der Münchner Küche ein Weidenkorb, zugegeben ein platzraubendes Objekt, aber mit der Plastiktüte geht man nicht in den Biergarten. Im Korb liegen als Standardausstattung Besteck, hölzerne Brotzeitbretter, Servietten, Salz- und Pfefferstreuer. Nicht nur dieses Rüstzeug hält der Suckfüll bereit, hier kann man auch ein Gerät kaufen, mit dem der Experte auf dem Biergartentisch hantiert: den Radischneider. Mit seiner Hilfe lässt sich der Rettich spiralförmig und fein schneiden, danach wird er gesalzen und muss »weinen«, damit er seine Schärfe verliert und sanft auf der Zunge zergeht.

▶ **In der Amalienpassage liegt ein nettes Café, dessen Name Programm ist: »Gartensalon« (Türkenstr. 90). Im Hof sitzt man zwischen Blumen. Künstler verkaufen Kleinigkeiten, ausgezeichnete hausgemachte Kuchen.**

Den Suckfüll gibt es seit 1932, und er trägt wesentlich zur Lebensqualität in der Maxvorstadt bei. Unter 35 000 Artikeln findet der Mensch alles, was er in Küche und Werkstatt braucht: Eisenwaren, Maschinen, Elektroartikel, Leuchtmittel … Dass sich dieses Spezialgeschäft in der Türkenstraße zwischen Boutiquen, Galerien und Cafés halten konnte, liegt nicht nur am guten Service – Suckfüll ist Herr im eigenen Haus und muss keine Mietsteigerung fürchten.

Suckfüll · Mo–Fr 9–18, Sa 9.30–14 Uhr · Türkenstr. 31 · Maxvorstadt · Tel. 089/286 61 00
www.suckfuell.de · Haltestelle: U Universität

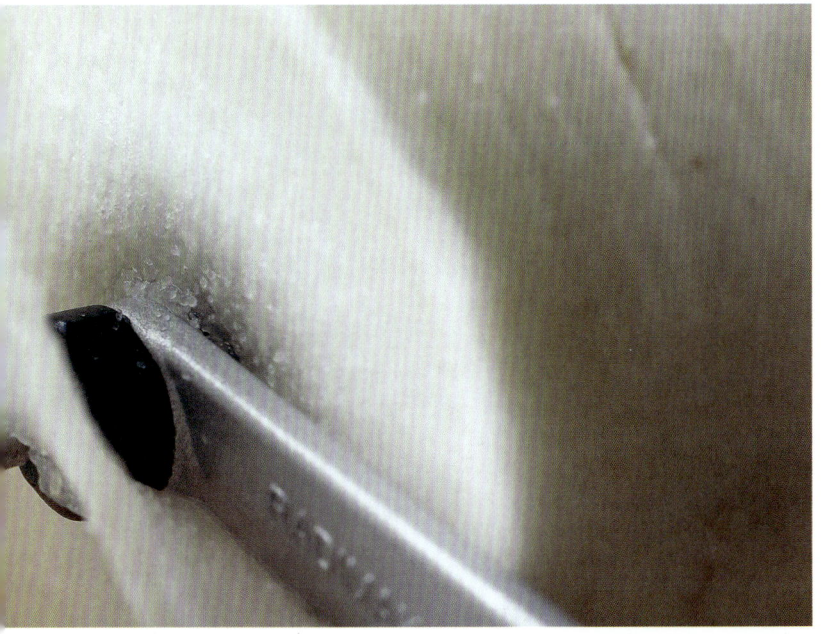

Bayern meets Africa

Die Wiesn, einst ein Volksfest, gilt heute als »Event«, Tracht ist Kult. Und Prinzregent Luitpold, er regierte von 1886 bis 1912 als Vertreter des geisteskranken Königs Otto I., rotiert in seinem Grab in der Theatinerkirche angesichts der Scheußlichkeiten, die sich »Tracht« nennen dürfen.

Unter der Ägide von Prinzregent Luitpold, einem naturverbundenen, volksnahen und beliebten Regenten, zog die Tracht bei Hof ein und wurde im wahrsten Sinne des Wortes salonfähig. Auch als identitätsstiftendes Mittel: 1871 war das Deutsche Reich gegründet worden, Preußen dominierte und stellte den Kaiser, Bayern wollte sich abgrenzen. Da waren Janker, Lederhose, Dirndl etc. geeignete Attribute, um zu zeigen: »Mia san mia«. Damals setzte der Hof die Trends, anders als im ländlichen Bereich gab und gibt es keine typische Münchner Tracht. Sie folgt der Mode, und dagegen ist nichts zu sagen, solange sie auch den Gesetzen der Ästhetik folgt.

Leider aber ist es so, dass viele Münchner Trachtengeschäfte Gruselkabinetten gleichen, in denen Lederhose und Dirndl Kitschfoltern ertragen müssen. Dass es auch anders geht, zeigt Noh Nee. Dort kann das Kleid sich wohlfühlen, das suggeriert schon der Name: »Geschenk Gottes« (Suaheli). Den Laden betreibt Rahmée Wetterich mit ihrer Schwester und einer Freundin. Rahmée stammt aus Kamerun, 30 Jahre lebt sie schon in Bayern, und in ihren Kreationen vereint sie Heimat und Wahlheimat: Dirndl im klassischen Schnitt, gefertigt aus afrikanischen Stoffen – kräftige Farben, auffällige und ausgefallene Muster, das sieht super aus und ist kein Kitsch, sondern eine Hommage an die Tracht.

Bei Noh Nee gibt es nichts von der Stange: Man sucht sich Modell und Stoff aus, und dann verschwindet Rahmées Schwester in ihrer Schneiderwerkstatt und fertigt das Dirndl nach Maß. Selbstverständlich ist das nicht billig, aber frau kann auf jede Party gehen, ohne befürchten zu müssen, dass jemand im selben Outfit auftaucht.

Noh Nee · Türkenstr. 52 · Pavillon im Innenhof · Maxvorstadt · Tel. 089/88 98 12 70
www.dirndlalafricaine.com · Haltestelle: U Universität

»Ich habe den Krieg verhindern wollen«

Die Installation von Silke Wagner ist leicht zu übersehen und erschließt erst auf den zweiten Blick, um was es hier geht. Und genau das bemängeln die Kritiker, die meinen, Georg Elser hätte ein richtiges Denkmal verdient und kein »Neonteil, das durch Unsichtbarkeit sichtbar machen soll«.

Nur wer am Abend um 21.20 Uhr auf die Westfassade der Türkenschule blickt, merkt, wie clever, aber vielleicht doch etwas zu intellektuell die Künstlerin ihre Botschaft vermittelt: Die Neonröhren werden nacheinander im Uhrzeigersinn eingeschaltet, für eine Minute leuchtet die Schrift »8. November« auf, dann ist die Lichtexplosion auch schon wieder vorbei.

Am 8. November 1939 um 21.20 Uhr explodierte im Bürgerbräukeller die Bombe, die der Schreiner Georg Elser angebracht hatte, um Hitler zu töten. Das Treffen der »Blutordensträger« und »Alten Kämpfer« zum Gedenken des »Marsches nach Berlin«, der am 9. November 1923 an der Feldherrnhalle endete, fand jedes Jahr statt, und Elser hatte den Ablauf genau studiert. Über ein Jahr lang hatte er sich vorbereitet, im Oktober 1939 fuhr er von seinem Zimmer in der Türkenstraße 94 jeden Abend in den Bürgerbräukeller. Aß, trank ein Bier und schlich in den Saal, wo er sich versteckte, bis die Tür abgesperrt war. Dann begann er zu arbeiten. 30 Nächte lang präparierte er die Säule, neben der Hitler seine Rede halten würde, und baute eine Bombe mit Zeitzünder ein. Als die explodierte, war Hitler schon weg. Er hatte die Versammlung früher verlassen, weil er wegen Nebels nicht fliegen konnte und den Zug erreichen musste.

▶ **Die DenkStätte Weiße Rose im Lichthof der Ludwig-Maximilians-Universität erinnert an die Geschwister Scholl und die anderen Mitglieder der studentischen Widerstandsgruppe, die 1943 hingerichtet wurden.**

Elser, ein Einzelgänger ohne Mitwisser und Unterstützer, wurde noch am Tag des Attentats bei dem Versuch, in die Schweiz zu fliehen, verhaftet und am 9. April 1945 im Konzentrationslager Dachau ermordet.

Elser-Denkmal · Westfassade der Türkenschule · Georg-Elser-Platz/Türkenstraße · Maxvorstadt
Haltestelle: U Universität

Zum Schwabingbummel ein Gedicht

Lyrik im Hinterhof – darf man daraus schließen, die Gattung friste ein dem Ort entsprechendes Dasein? Nicht, wenn »Poesiesteine« den Weg weisen, nicht, wenn die Glasfront jede Schwellenhemmung nimmt und der Hof wie ein heimeliges Forum gestaltet ist. Lyrik nicht abgehoben, sondern auf Straßenniveau Teil des Alltags: Hier kann man rasten, lesen, das Lyrik Kabinett ist umsonst zugänglich. Deutsche Gedichte, Übersetzungen, Lyrik aller Zeiten und Sprachen – mit 45 000 Bänden ist die Bibliothek die zweitgrößte ihrer Art in Europa. Regelmäßig finden Lesungen statt, es gibt kaum einen bedeutenden Dichter aus dem In- und Ausland, der hier nicht schon vor sein Publikum getreten ist.

Lyrik Kabinett, Bibliothek · Mo, Mi 10–13, Di, Do 15–21, Sa 12–18 Uhr · Amalienstr. 83 · Maxvorstadt
Tel. 089/34 62 99 · www.lyrik-kabinett.de · Haltestelle: U Universität

Gehegt und gepflegt – hier möchte man Puppe sein

Sie sitzen auf Stühlen, aneinandergeschmiegt, sie treten dem Besucher aufrecht gegenüber, hübsch gekleidet, mit Hut oder Schleifchen im Haar, kleine Schuhe an den Füßen. Ihr Blick ist offen, mal Schmollmund, mal ein leichtes Lächeln um die Lippen. Manche wirken kindlich, andere haben Charakterköpfe, auf denen das Leben seine Spuren hinterlassen hat. Wer dachte, Puppen seien Kinderspielzeug, wird in Gertraud Stadlers kleinem Laden eines Besseren belehrt. Zu ihr kommen Kenner und Sammler von weither und Menschen, die ärztliche Hilfe für ihre Lieblinge suchen: Ob der Teddy einen Arm oder die Puppe einen Finger verloren hat – Frau Stadler findet die richtige Therapie.

Puppenstube Galerie Gertraud Stadler Mo–Fr 11–18, Sa 10–13 Uhr · Luisenstr. 68 · Schwabing
Tel. 089/272 32 67 · Haltestelle: U Josephsplatz

Auferstanden aus Ruinen: das Kleine Spiel

»Wir sind alle zwischen 20 und 25 Jahre alt und sind betrogen worden, betrogen um die Ideale des Lebens. … Der brennende Wunsch ist in uns, wieder froh zu werden. … Noch steckt ein kleiner Funke von Liebe zu Musik, Kultur und zum Leben in uns.« Aus: Gedanken um unser Theaterstudio, *1946.*

Die Geschichte des kleinen Theaters trägt Züge einer antiken Tragödie: Da überlebt ein junger Mann den Krieg, kehrt zurück, trifft auf alte Freunde, die wie er »den Glauben an das Gute im Menschen verloren« haben und ein Mittel suchen, um sich »nicht im Chaos der Zeit« zu verlieren. Kunst wollen sie schaffen, Marionettentheater spielen, wie sie es schon als Kinder getan haben. Die erste Aufführung im August 1945, Lope de Vegas *Schlaue Susanne*, wird ein Erfolg, die Truppe Kleines Spiel erhält die Lizenz von den Amerikanern, sogar eine Spielstätte im stark zerbombten Schwabing finden sie. Und bei den Umbauarbeiten dieses ausgebrannten Ateliers stürzt der junge Mann zu Tode.

Peter Auzinger, geboren 1922 als Sohn einer Schwabinger Künstlerfamilie, war der führende Kopf der Gruppe, er hatte schon die Marionettenbühne der Kinder in den 30er-Jahren geleitet – der Schock über seinen Unfall saß tief. Doch die Studenten beschlossen, im Sinne ihres Freundes weiterzumachen, und so wird aus der Tragödie eine Erfolgsgeschichte. Namen wie Tankred Dorst – er schrieb sechs Stücke für die Truppe, bevor die großen Bühnen ihn entdeckten – und Michael Ende tauchen darin auf, Werke von Eich, Brecht, Shakespeare gehören zum Repertoire. Noch immer sind alle Mitwirkenden – Puppenführer, Sprecher, Kulissengestalter etc. – Laien, die die Tradition der Studentenbühne von Generation zu Generation fortsetzen. »Etwas sinnlos Schönes tun«, war Auzingers Wunsch. Gewinnstreben stand nie im Vordergrund, der Eintritt ist nach wie vor frei, die Kosten decken die Spenden, die das begeisterte Publikum im Zylinderhut hinterlässt, der nach der Vorstellung herabschwebt.

Kleines Spiel · Do 20 Uhr · keine Reservierung · Neureutherstr. 12, Eingang Arcisstr. · Schwabing
Tel. 089/272 33 64 · www.kleinesspiel.de · Haltestelle: U Josephsplatz

73

Zeige deine Wunden

Es kommt vor, dass Touristen kopfschüttelnd auf die Alte Pinakothek blicken und sich fragen, warum die Münchner nach dem Krieg nicht »ordentlich« wiederaufbauen konnten. Die Spuren des Bombeneinschlags in der Südfassade sind deutlich zu sehen, und auch andere Fassadenteile sind »Flickwerk«.

Das, liebe Touristen, geschah mit Absicht und hatte System. Lange bevor Beuys sein Environment *zeige deine Wunde* (1974/75) installierte, standen die Münchner vor der Frage, wie sie mit den vielen Wunden umgehen sollten, die der Zweite Weltkrieg geschlagen hatte. Die Innenstadt war so schwer getroffen, dass es sogar Vorschläge gab, München am Starnberger See neu erstehen zu lassen, andere teils haarsträubende Pläne favorisierten eine autogerechte Altstadt. Vor allem bei den öffentlichen sa-

kralen und profanen Bauten war die Entscheidung zu treffen: Rekonstruktion nach historischem Vorbild oder Neubau im Stil der damaligen Zeit?

Hans Döllgast wählte einen Mittelweg und ging deshalb als »Architekt des Wiederaufbaus« in die Geschichte ein. Sowohl bei der Umgestaltung des Alten Südlichen Friedhofs und des Alten Nordfriedhofs als auch bei der Restaurierung der Alten Pinakothek ging er zwar konservierend vor, aber er stellte Zerstörtes nicht so wieder her, dass man meinen könnte, es hätte den Einschnitt durch den Krieg nicht gegeben. Die Verletzung durch die Bombe in der Pinakothek ist sichtbar, unverputztes Ziegelmauerwerk zeigt die »Wunden« des Gebäudes.

Kritik erhielt Döllgast wegen der Veränderungen im Inneren der Alten Pinakothek. Leo von Klenze, der den Bau 1826 bis 1836 errichtete, hatte den Eingang auf die Ostseite gelegt und im ersten Stock eine Galerie errichtet, in der die Bürger mit Blick auf die Stadt promenieren konnten. Döllgast schuf stattdessen eine feudale Treppenanlage, die vielleicht zu protzig wirkt, aber ohne die die Besucherströme heute nicht zu bewältigen wären.

Alte Pinakothek · Di 10–20, Mi–So 10–18 Uhr · Barer Str. 27 · Maxvorstadt · Tel. 089/23 80 52 16
www.pinakothek.de · Haltestelle: U Königsplatz

Lenbachs Alptraum: Gold-schachtel und Badewanne

Franz von Lenbach war einer der drei »Malerfürsten«, die München im 19. Jahrhundert kürte. Er porträtierte alles, was damals Rang und Namen hatte und verdiente damit so viel Geld, dass er sich 1887 bis 1891 von Gabriel von Seidl eine prächtige Villa im toskanischen Landhausstil errichten lassen konnte.

Lenbach verstand es ausgezeichnet, sich zu vermarkten. Wer in Europa eine gesellschaftliche Position hatte, ließ sich von ihm porträtieren, allein die Tatsache, dass Lenbach jemanden malte, kam einem Ritterschlag gleich – er nahm nicht jeden. Künstlerisch gingen keine Impulse von ihm aus, im Gegenteil. Wie ein absolutistischer Fürst bestimmte er das offizielle Kunstleben nach dem Motto: nur nichts Neues. Dass sein Name noch heute in aller Munde ist, verdankt er Künstlern, die er bestimmt nie ausgestellt hätte. Das Lenbachhaus besitzt die weltweit größte Blaue-Reiter-Sammlung – mehr als 220 Gemälde.

Das Museum wurde 2013 nach umfangreichen Umbauten wiedereröffnet. Lenbachs Wohnräume blieben erhalten, aber auf dem Weg dorthin würde es ihm sicher grausen – wir genießen's: Der Eingang führt durch eine goldene Schachtel, eine Schmuckschatulle von Norman Foster, im Foyer hängt eine spiralförmige Skulptur von der Decke – der *Wirbelwind* von Olafur Eliasson besteht aus 450 Glasdreiecken, die je nach Lichteinfall ihre bunten Tupfer setzen. Seit der Neueröffnung kann das Lenbachhaus auch eine veritable Beuys-Sammlung vorweisen. Unter den 17 Arbeiten, die Lothar Schirmer dem Museum überließ, ist auch die Badewanne, die in den 70er-Jahren für Furore sorgte. Das Kunstwerk war nach einer Ausstellung in einem Magazinraum gelandet und wurde dort von zwei Frauen entdeckt, die fanden, dass sich die Wanne wunderbar zum Gläserspülen beim Vereinsfest eigne – man musste sie nur schrubben. Schirmer war empört, als er die Wanne kommentarlos zurückbekam, Beuys verlieh ihr schließlich erneut künstlerische Weihen mit Filz, Fett und Pflaster.

Städtische Galerie im Lenbachhaus · Di–So 10–18 Uhr · Luisenstr. 33 · Maxvorstadt
Tel. 089/23 33 20 20 · www.lenbachhaus.de · Haltestelle: U Königsplatz

Kaffeepause in der Antike

Wahre Genießer, die in Schwabing oder der Maxvorstadt leben, besitzen eine Jahreskarte. Nicht für die Pinakotheken oder die Museen am Königsplatz – das Lenbachhaus, die Staatliche Antikensammlung und die Glyptothek – nein, für ein Café, das man nur mit Eintrittskarte besuchen darf.

Den Obolus von einem Euro entrichtet man aus Versicherungsgründen, das Café liegt in der Glyptothek, und man kann Antipasti oder die köstlichen Engadiner Walnussschnitten mit Blick auf antike Statuen genießen. Im Sommer ist der Innenhof der rechte Ort für eine Kaffeepause: Ruhe, Sonne, an den Wänden rankendes Weinlaub. München sei die nördlichste Stadt Italiens, sagt man, und das zu glauben, fällt hier nicht schwer.

Es war Ludwig I., der das südliche Flair an die Isar brachte. Nach einer Italienreise 1804/1805 begann er Antiken zu sammeln, sehr zum Unmut seines Vaters Maximilian: »Mein verrückter Sohn will … wieder Geld ausgeben um altes Zeug zu kaufen. Und er hofft, dadurch Griechen und Römer aus dieser Rasse von Bierbäuchen zu machen.« Auch die Bevölkerung zeigte wenig Verständnis, als Ludwig I. 1816 Leo von Klenze beauftragte, einen tempelartigen Bau auf der grünen Wiese vor der Stadt zu errichten – die Münchner nannten ihn »das närrische Kronprinzenhaus«. Dabei hätten sie sich freuen sollen: Die Glyptothek war das erste für antike und zeitgenössische Plastiken errichtete Museumsgebäude in Deutschland, das für die Öffentlichkeit zugänglich war. Und die Sammlung, die Ludwig zusammentrug, beinhaltet grandiose Exponate, wie den *Barberinischen Faun* (um 200 v. Chr.), bei dessen Betrachtung man allerdings Maximilians Skepsis teilen möchte. Zwischen der Rasse von Bierbäuchen und dem Waschbrettbauch des antiken Jünglings liegen Welten.

▶ **Im Sommer wird der Innenhof der Glyptothek zum Theaterraum: Seit über 20 Jahren führt Gunnar Petersen mit seiner Truppe humorvoll modernisierte Stücke mit antikem Bezug auf, dazu gibt's Brot und Wein.**

Café in der Glyptothek · Di–So 10–17, Do 10–20 Uhr · Königsplatz 3 · Maxvorstadt
Tel. 089/28 80 83 80 · Haltestelle: U Königsplatz

HADRIAN
KAISER 117-138 N.CHR.

BRONZEGUSS NACH DEM MARMORKOPF AUS DEM
GRABMAL DES HADRIAN IN ROM «ENGELSBURG»

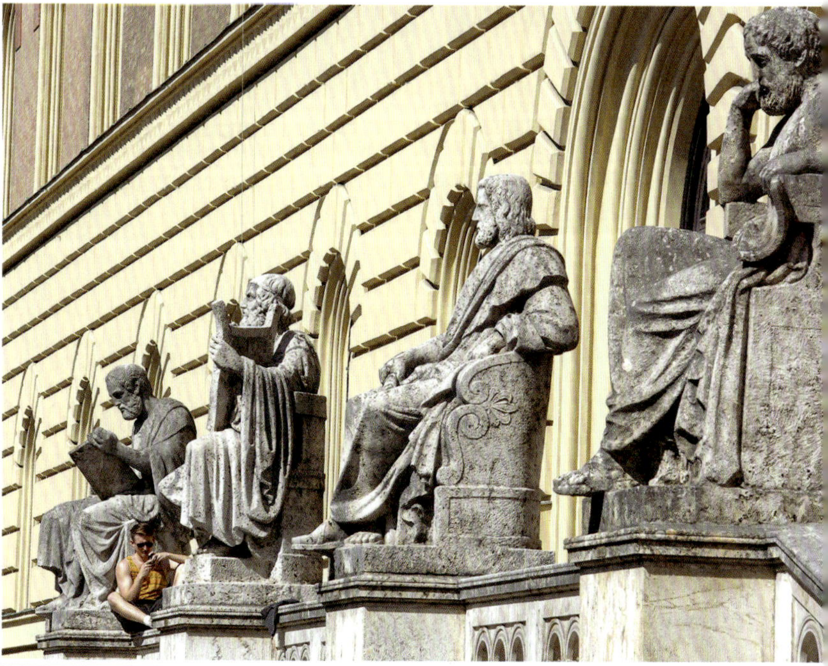

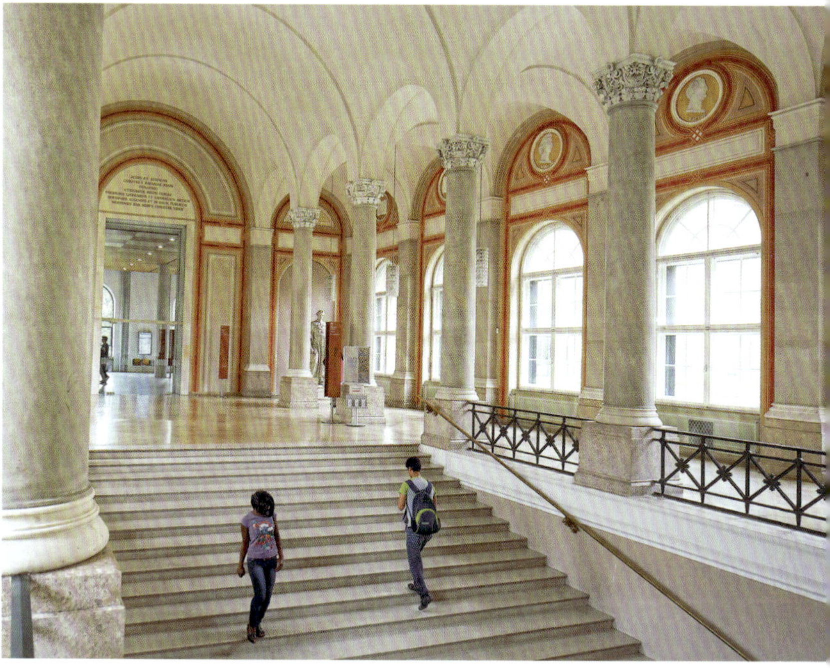

Die »Vier Heiligen Drei Könige«

»Vor dem breiten Gebäude der staatlichen Bibliothek saßen in Stein gehauen friedlich in der Sonne vier Männer altgriechischen Gepräges mit nacktem Oberkörper. Er hatte in der Schule gelernt, wen sie darstellten. Heute wusste er es natürlich nicht mehr.«

So wie dem Kommerzienrat Paul Hessreiter in Lion Feuchtwangers Roman *Erfolg* geht es vielen Münchnern, und denen soll geholfen werden: Die Männer, die im Volksmund die »Vier Heiligen Drei Könige« heißen, stellen dar: Thukydides, den Begründer der wissenschaftlichen Geschichtsschreibung, den Dichter Homer, den Philosophen Aristoteles und den Arzt Hippokrates. Die Figuren, die man heute sieht, sind allerdings nicht identisch mit denen, an denen der Kommerzienrat in den 1920er-Jahren täglich vorbeiging. Es handelt sich um Nachbildungen aus dem Jahr 1966. Die nach Modellen von Ludwig von Schwanthaler 1837 gefertigten Originale stehen im Pausenhof einer Schule in Bernau.

Dass König Ludwig I. griechische Dichter und Denker aufs Podest hob, verwundert nicht, schließlich war er es, dem München den Titel »Isar-Athen« verdankt. Mit seinem Prestigeobjekt, der Ludwigstraße, trieb der in die Antike verliebte Herrscher alle Beteiligten zur Verzweiflung. Die Funktion hatte der Form zu folgen – auch beim Bau der Bibliothek. Der Architekt Friedrich von Gärtner, der die Wünsche des beratungsresistenten Monarchen auszuführen hatte, bezeichnete sie als »langweilige Bücherkaserne«, und ein Bibliothekar kommentierte, der Bau sei ohnehin nur unternommen worden, »um ein gutes Stück der neuen, großartigen Straße, welche des Königs Namen trägt, auszufüllen«.

Die vier »Könige« bekamen oft Besuch von ihresgleichen: Ludwig I. war ein eifriger Nutzer der Bibliothek und der Einzige, der über die prächtige Treppe nach oben schreiten durfte. Andere Privilegien forderte der Monarch nicht – wenn er Bücher mitnahm, füllte er brav Leihscheine aus. Ordnung muss sein.

Bayerische Staatsbibliothek · Allgemeiner Lesesaal tägl. 8–24 Uhr · Ludwigstr. 16 · Maxvorstadt
www.bsb-muenchen.de · Haltestelle: U Universität

77

»Bin ich vielleicht nicht schön! Ha!?«

Die Anspielung ist originell und subtil: Der Bildhauer Wolfgang Sand lässt die Porträtierte aus einer Muschel steigen. Venus, die Schaumgeborene. Ein Blick auf die Figur aber zeigt, dass die Frau keineswegs das Ideal der weiblichen Schönheit verkörpert, wenn schon Venus, dann die von Kilo.

Bally Prell stand zu ihrem Gewicht und betonte ihre Korpulenz durch das Kostüm, in dem sie auftrat: ein Blümchenkleid mit rosa Rüschenrock, dazu Schärpe, Sonnenschirm und ein lächerliches Krönlein auf dem Kopf. So verkörperte sie die »Schönheitskönigin von Schneizlreuth«. Die Rolle hatte der Vater Ludwig Prell, als Mundartdichter und Musiker fest in der Münchner Volkssängerszene verankert, ihr im wahrsten Sinn des Wortes auf den Leib geschrieben. Als Persiflage auf die Misswahlen, die in den 1950er-Jahren in der Provinz stattfanden.

Auch die »Salvermoser Zenz/hamms zur Schönheitskonkurrenz/nach München auhfi gschickt«, und sie erhält den ersten Preis. Der Saal tobte, wenn Bally Prell sang: »Dass dieses Wunder geschah/das allein verdank ich nuhuhuhuhur/meiner zierlichen Figur« und fragte: »Bin ich vielleicht nicht schön! Ha!?« Ihr Debüt als »Schönheitskönigin« hatte sie 1953 im Platzl, und die Nummer blieb ihre Paraderolle, schon deshalb, weil es die einzige war, mit der sie nach dem großen Erfolg auftrat. Der Bayerische Rundfunk konnte sie zwar ein paarmal ins Studio locken, wo auch ihr zweiter Hit, das *Isarmärchen* aufgenommen wurde. Ihre eigentliche Bühne und ihr Studio war die elterliche Wohnung in der Leopoldstraße 77, in der sie ihr ganzes Leben (1922–1982) verbrachte. Hier veranstaltete der »Vatl« Hausmusikabende für Freunde und Verwandte, hier sang sie vor ihrem Tonband: Opernarien und romantische Kunstlieder, Schlager, Volkslieder, Beatlessongs. Auf vielen Aufnahmen ist das Rauschen der Trambahn zu hören, die damals noch fuhr. Die im Trikont-Verlag erschienene CD mit Aufnahmen von 1955 bis 1973 zeigt die Bandbreite ihres Könnens.

Bally-Prell-Gedenkbrunnen · Leopoldstr. 77 · Schwabing · Haltestelle: U Münchner Freiheit
Jugendstilgebäude 1900–1902 von Martin Dülfer errichtet

78 Der Himmel hängt voller Lüster

Hier muss niemand zur Vorsicht mahnen, obwohl so viel Kostbares auf engstem Raum steht, das eine dumme Handbewegung unwiederbringlich zerstören würde. Aber die Schritte werden automatisch klein, der Atem geht ruhig, Uhren ticken, ein Brunnen plätschert, unzählige alte Lüster glitzern.

Schon die Spiegelgalerie in der Hofeinfahrt erinnert an Märchen, in denen geheimnisvolle Gestalten durchs Glas treten und Zeit und Raum wechseln. Und das passiert tatsächlich, wenn man die steile Treppe hinunter-steigt ins Reich von Manfred Wambsganss. Man wähnt sich im Keller eines alten Schlosses, wo die Herrschaft gelagert hat, was gerade keinen Platz findet in den Salons: Bilder, Büsten, Tische, Kristalllüster, Sessel, Statuen, Kerzenhalter, Tafelsilber, Porzellan, Gläser, Rahmen, Teppiche, Schmuck …

Die 300 Quadratmeter Fläche der »Kunst Oase« scheinen angefüllt bis zum Anschlag, aber es herrscht keine Unordnung, wie sie in Lagerkellern üblich ist. Alles ist arrangiert, liebevoll präsentiert, man merkt, dass Manfred Wambsganss Architektur studiert hat und mit Räumen umgehen kann. Er ist auch Kunstmaler und hat die »Kunst Oase« 1984 eigentlich als Galerie eröffnet. Aber dann kamen immer mehr Kunden, die sich für die Gegenstände interessierten, mit denen Wambsganss den Schauraum wohnlich gestaltet hatte.

Auch wenn man hier manch Skurriles findet, dies ist kein Trödelladen oder ein permanenter Flohmarkt. Das Angebot reicht von preiswerten kleinen Geschenken bis zu hochwertigen Antiquitäten, und wenn jemand nur kommt, um zu schauen, den musealen Charakter des Ladens zu genießen und mit dem Besitzer zu plaudern – der freundliche grauhaarige Mann drängt niemanden zum Kauf.

▶ **Ausgefallene Schokoladen namhafter internationaler Hersteller und köstliche Eigenkreationen wie handgefertigte Pralinen bietet Chokoin (Nordendstraße 52) – der Name impliziert die Suchtgefahr …**

Kunst Oase · Mo–Fr 9–19.30, Sa 9–18 Uhr · Hohenzollernstr. 58 · Tel. 089/39 68 75 · Schwabing
www.kunstoase.com · Haltestelle: Tram 27/28 Kurfürstenplatz

Alfred Delp – ein mutiger Seelsorger

Schmiedeeiserne Grabkreuze, Blumenrabatten und alte Bäume – von so einer letzten Ruhestätte träumen viele, aber der Platz auf dem kleinen Friedhof der Bogenhauser Kirche ist begrenzt. Seit einigen Jahrzehnten werden nur noch Auserwählte bestattet, die sich um München verdient gemacht haben.

Eine illustre Gesellschaft liegt hier versammelt: die Schriftsteller Oskar Maria Graf, Joachim Fernau, Annette Kolb und Erich Kästner. Schauspieler, unter ihnen Gustl Waldau und Walter Sedlmayr, Regisseure wie Rainer Werner Fassbinder und Bernd Eichinger, Komponisten und Musiker wie der Dirigent Hans Knappertsbusch. Nur einer fand keine Ruhestätte, obwohl er eng mit der Kirche St. Georg verbunden war: der Jesuitenpater Alfred Delp, von 1939 bis 1944 Seelsorger in der Pfarrei Heilig Blut in Bogenhausen. Delp agierte in den Kriegsjahren nicht nur als brillanter regimekritischer Prediger, er war in seiner Gemeinde auch immer zur Stelle, um praktische Hilfe zu leisten. Nach Bombenangriffen kam er als Erster, um Trümmer wegzuräumen und Verschüttete auszugraben, im Rahmen seiner Möglichkeiten setzte er sich für verfolgte Juden ein, versteckte sie und half, die Flucht zu organisieren.

Der Pater wurde am 28. Juli 1944 nach der Frühmesse in St. Georg verhaftet, obwohl er mit dem gescheiterten Attentat auf Hitler am 20. Juli nichts zu tun hatte. Dies ergab der Prozess vor dem Volksgerichtshof – man konnte ihm keine Mitwisserschaft nachweisen –, doch seine Mitarbeit in der verbotenen Zeitschrift *Stimmen der Zeit*, seine Vorträge in ganz Deutschland, bei denen er aus seiner christlich-sozialen Weltanschauung keinen Hehl machte, sowie sein Engagement im Kreisauer Kreis genügten zur Verurteilung »wegen Hoch- und Landesverrats«. Delps Asche wurde nach seiner Hinrichtung in Berlin verstreut, und so erinnern nur eine Tafel an der Westseite der Kirche und ein Denkmal – das Bronzerelief zeigt die »Drei Jünglinge im Feuerofen« – südlich des Pfarrhauses an ihn.

Kirche St. Georg mit Friedhof · Bogenhauser Kirchplatz 1 · München · Den Kirchenraum kann man nur während der Messe betreten, Blick durchs Gitter ins Innere und Besuch des Friedhofs tagsüber
Denkmal Neuberghauser Str. 9 · Haltestelle: Mauerkircher Str. Tram 18, Bus 54, 154

80 Tante Emma, gestylt von Marion

Bei der Bewertung der Stadtbezirke in der Lokalpresse hat Bogenhausen immer die Nase vorn: Hohe Bildung, wenig Schulden, überdurchschnittliches Einkommen. Viel Grün, gute Ärzteversorgung. Nur wenn die Einkaufsmöglichkeiten auf den Prüfstand kommen, liegt das Viertel weit hinten.

Hier kann man zwar Sessel polstern und Bilder rahmen lassen, auch für die Schönheit ist gesorgt – in der Mauerkircher Straße wirbt einer gar mit »Botox to go«. Aber wenn man sich nicht die Lippen aufspritzen oder ein antikes Beistelltischchen erwerben will, sondern etwa einen Schraubenzieher oder einen Kochlöffel braucht, ist man aufgeschmissen. Dann heißt es in die Stadt fahren. Es sei denn, man kennt sich aus, geht in die Ismaninger Straße und trägt sein Anliegen im Bogenhauser Laden vor. Kann sein, dass die Besitzerin kurz im Keller verschwindet oder in den ersten Stock eilt – sie wird das Gewünschte finden.

Ameisenvernichter und Apfelschneider, Fusselrolle und Fensterleder, Töpfe und Taschenlampen, Wasserkocher und Wischmopps – Marion Sennewald-Gail bietet auf rund 200 Quadratmetern das Sortiment eines Kaufhauses. Was der Mensch in Haus und Garten und das Tier zum Spielen oder Fressen braucht, sie hat es. Solche Geschäfte bezeichnet man landläufig als Tante-Emma-Laden. Aber hier will das Wort nicht recht passen, weil es zwar für Fülle, aber nicht für Hochwertiges steht. Und Marion Sennewald-Gail führt höchste Qualität: Markenprodukte, geschmackvolle Geschenkartikel, ausgewählte Weine, nur das Feinste für Hund und Katz – die Klientel in Bogenhauen ist anspruchsvoll, die kann man zwar glücklich machen, wenn gerade ein Schraubenzieher fehlt, aber wehe, man drückt ihr die falschen Tücher zum Silberputzen in die Hand!

▶ Im »Wiener's Café« (Ismaninger Str. 71a), gegenüber vom Bogenhauser Laden, sitzt man gemütlich, im Sommer auf der Gartenterrasse. Gute Küche, trotz der vornehmen Nachbarschaft nicht teuer.

Bogenhauser Laden · Mo–Fr 10.30–18.30, Sa 10.30–13.30 Uhr · Rauchstr. 1 Ecke Ismaninger Str. Bogenhausen · Tel. 089/98 12 63 · www.bogenhauser-laden.de · Haltestelle: Tram 16 Sternwartstraße

Shopping in der Nachkriegszeit

Die Möhlstraße in Bogenhausen gehört zu den besten Adressen der Stadt. Prächtige Anwesen aus der Gründerzeit, gepflegte Gärten. Kaum zu glauben, dass hier zwischen den Villen einmal Holzbuden standen, in den Kellern Schmugglerware lagerte und die Polizei regelmäßig Razzien durchführte.

Bogenhausen wurde 1892 eingemeindet, und kurz darauf setzte der Bauboom ein: Wer Geld, Rang und Namen hatte – Industrielle, Wissenschaftler, Künstler – ließ sich am Isarhochufer eine repräsentative Villa erbauen. Darunter waren auch jüdische Bürger, die nach dem Pogrom am 9. November 1938 aus ihren Wohnungen gejagt und in sogenannten »Judenhäusern« (Möhlstraße 9 und 30) untergebracht wurden. Manche konnten emigrieren und kehrten nach dem Krieg nicht zurück, viele wurden deportiert und ermordet.

1945 beschlagnahmten die Amerikaner die leerstehenden Häuser und errichteten hier eines der Camps für Displaced Persons. Dazu zählten Heimatlose, wie Überlebende der KZs, ehemalige Zwangsarbeiter und andere, die nicht in ihr Land zurückkehren konnten. Für die wenigen, die in München bleiben wollten, wurde die Möhlstraße zum Zentrum neuen jüdischen Lebens, die meisten aber nahmen die Hilfe von Organisationen in Anspruch, die ihnen zur Emigration verhalfen. Der Name Möhlstraße war in den Nachkriegsjahren in ganz Deutschland ein Begriff wegen des

▶ **In der Villa des Bildhauers Adolf von Hildebrand ist seit 1977 die Forschungsbibliothek Monacensia untergebracht: Vorträge, Ausstellungen, schöner Lesesaal. Maria-Theresia-Straße 23, www.monacensia.net**

berühmt-berüchtigten Schwarzmarkts, der sich trotz lokalem und sogar nationalem Einsatz von Polizei und Zollfahndern bis in die 50er-Jahre hielt. Die Ordnungshüter mussten dem Treiben hilflos zusehen: Für Displaced Persons galt nicht das deutsche Recht, sondern das der amerikanischen Militärbehörden.

Möhlstraße · verläuft parallel zur Isar und der Maria-Theresia-Straße von der Prinzregentenstraße nach Norden · Bogenhausen · Haltestelle: Tram 16 Friedensengel/Villa Stuck

82 Kunst im Untergrund

»Es kann kaum ein Zufall sein, dass es in keiner Sprache der Welt die Wendung ›schön wie ein Flughafen‹ gibt«, schrieb Douglas Adams in Der lange dunkle Fünfuhrtee der Seele. *Und man könnte das Wort Flughafen getrost durch* »Unterführung« *ersetzen, wenn da nicht …*

… ja, wenn da nicht neben rasenden Radlern und flotten Joggern Menschen mit Kameras stünden, andere auf und ab schlenderten und einander schmunzelnd auf Details aufmerksam machten: der Friedensengel, dessen Spindelbeine aus dem Minirock ragen, neben einem grinsenden roten Bären. Ein Hase, der mit der Kettensäge auf Schwammerlsuche geht, die Zerlegung eines Motors, dargestellt wie auf den Bauanleitungen von Ikea. Das Krokodil im tropischen Tümpel, der Froschkönig mit Fliegenklappe, ein Kapitän, Herrscher über Papierschiffchen. Asiatisch anmutende Porträts und viele abstrakte, teils grellbunte, teils monochrome Bilder in unterschiedlichen Formaten.

Sprayer aus aller Welt durften sich hier verwirklichen, wobei nicht jeder wild vor sich hinsprühte, sondern unter der Leitung des Graffitikünstlers Loomit ein durchkomponiertes Gesamtkunstwerk entstand. Die Unterführung zwischen Ludwigsbrücke und Friedensengel gehört zu den Flächen, die die Stadt den Künstlern zur Verfügung stellt. Ebenso wie die Brudermühlbrücke, die Münchner »Hall of Fame« der Sprayer, die einmal im Jahr mit Graffitis neu gestaltet wird.

▶ **Ein Gesamtkunstwerk anderer Art ist in der Prinzregentenstraße zu genießen: Die Villa, die der Maler Franz Stuck erbaute – jedes Detail, von den Türklinken bis zu den Möbeln, hat er selbst entworfen.**

Das Besprühen öffentlicher oder privater Bauwerke ist zwar nach wie vor illegal, aber die Stadt hat längst erkannt, dass Street Art eine Kunst ist und sich die Tristesse mancher Orte durch bunte Bilder auflösen lässt. Was dabei herauskommt, ist einen Besuch wert, weil es, na ja, »schön wie eine Unterführung« ist.

Unterführung am Friedensengel · Lehel · Haltestelle: Tram 16 Friedensengel/Villa Stuck

Wo in Haidhausen blaues Blut floss

Ziegeleien mit dampfenden Schloten, Vorstadtherbergen, Gründer-zeitfabriken und Mietskasernen, Bierkeller, Straßenbahndepots, einst Glasscherbenviertel, heute Bestlage mit teuren Altbauwoh-nungen – mit Haidhausen assoziiert man viel, aber bestimmt nicht Schlösser in prächtigen Parkanlagen.

Und so mag man sich fragen, woher der Name Schlossstraße kommt, vorausgesetzt man weiß, dass es diese Straße gibt. Schmal ist sie und kurz, die Mütter kennen sie, die ihre Kleinen in den Kindergarten bringen, die Trambahn fährt hier entlang, aber kaum jemand läuft durch. Wer von der Kirchen- in die Einsteinstraße will, nimmt den Weg über die Wiener Straße. Dabei ist das schade. Das neobarocke Feuerwehrhaus und das Wannen- und Brausebad aus den Jahren 1893/94 bilden ein hübsches Bauensemble, das der Architekt Carl Hocheder schuf, derselbe, der auch die Entwürfe für das Müller'sche Volksbad lieferte.

Wo diese beiden Gebäude stehen, erhob sich bis Ende des 19. Jahrhunderts das namengebende Schloss. Dem Trend der Zeit folgend – Kurfürstin Henriette Adelaide ließ 1664 das Sommerschloss Borgo del Ninfe errichten – erbauten auch die niedrigeren Adeligen Landsitze vor den Toren der Stadt. Der des Herrn von Leiblfing war mit Pavillon, Fontänen und französischem Garten ausgestattet. Um das zu finanzieren, erreichte der Freiherr, dass ihm Haidhausen als geschlossene Hofmark zugesprochen wurde – damit konnte er die Bürger abkassieren. Der Besitz gelangte später in die Hände

> ▶ **Auf den ersten Blick wirkt »La Dispensa« (Schlossstr. 5) wie eine Weinhandlung. Aber hier kann man auch hervorragenden Kaffee und kleine italienische Gerichte genießen.**

weiterer Adeliger, nach dem Tod des Grafen Törring-Seefeld 1812 verkaufte der Sohn das Land Stück für Stück, und so kam der Grund auch in bürgerliche Hände, was sich wiederum in der Namengebung niederschlug: Der ehemalige Schlosspark, heute Johannisplatz, hieß früher Metzgeranger.

Schlossstraße · zwischen Kirchen- und Einsteinstraße · Haidhausen · Haltestelle: U Max-Weber-Platz

84 Maibaum-Geschichten

Der bayerische Maibaum hat eine gesetzlich vorgeschriebene Lebensdauer von fünf Jahren, dann muss ein neuer her. Da in der Stadt viele Maibäume stehen, werden jedes Jahr einige ausgetauscht, und darüber freuen sich die Unterbrunner Burschen, die Meisterdiebe im Maibaumstehlen.

2013 klauten die Männer aus dem Landkreis Starnberg ihren 61. Maibaum, und die Haidhauser hatten Glück, dass es nicht ihrer war, sondern der in Daglfing. Der Verlust des Baums – er darf nur gestohlen werden, wenn der Stamm geschlagen, aber noch nicht aufgestellt ist – gilt nicht nur als sportliche Niederlage, er kommt auch teuer: Das Diebesgut muss mit Bier und Brotzeit ausgelöst werden.

Alle Maibäume werden weiß-blau gestrichen, die Schilder gestaltet jedes Stadtviertel individuell. Wie üblich, zieren auch den Haidhauser Maibaum auf dem Wiener Platz Handwerkerzeichen, und ein Schild ist besonders interessant, weil es die Geschichte des Viertels thematisiert: Rechts oben sieht man eine Ziegelei und die Form, in die die Ton-Lehmmischung gefüllt wurde.

▶ **Wer im hübschen Biergarten des »Hofbräukellers« einkehren will, sollte die Brotzeit in der Metzgerei Wittmann (Innere Wiener Str. 54) kaufen, exzellente Wurstwaren, kalte und warme Speisen.**

Bis zu seiner Eingemeindung 1854 gehörte Haidhausen zu den Vorstädten, in denen jene lebten, die es sich nicht leisten konnten, das Bürgerrecht in der Stadt zu erwerben. Das Material für die Mauern, die sie von den Münchnern trennten, hatten die Haidhauser selbst geliefert, ebenso wie die Ziegel für die Frauenkirche. Nachdem die Lehmzunge abgetragen war, durfte in den feuchten Gruben gebaut werden, dort entstanden die Herbergsanwesen. Einige blieben am Wiener Platz und An der Kreppe erhalten, hübsch saniert wirken sie heute romantisch, das Leben der Menschen im 19. Jahrhundert ohne sanitäre Einrichtungen war allerdings kein Zuckerschlecken.

Maibaum am Wiener Platz · Haidhausen · Haltestelle: Tram 16 Wiener Platz

85 Schlemmen wie Gott in Haidhausen

Der Ladenraum ist klein, und nicht selten reicht die Schlange bis auf den Bürgersteig hinaus. Aber was für ein Vergnügen, hier zu warten! Schon wenn man das Schaufenster erreicht, läuft einem das Wasser im Mund zusammen, an der Theke geht der Augenschmaus weiter: Törtchen mit frischen Früchten oder Torten, optisch opulent, aber leicht und nie durch Süße erschlagend, Pralinen, feinstes Gebäck … Ebenfalls eine Freude das altmodische Café, in dem handgeschriebene Rezepte hängen, die vom Großvater des Konditors stammen – und zeigen: Dies ist ein Familienbetrieb mit eigener Backstube, in der ein Meister wirkt, der sein Handwerk versteht.

Café Wölfl · Di–Fr 8–18 Uhr, Sa. 8–17 Uhr · Kellerstr. 17 · Tel. 089/48 12 71 Haidhausen
Haltestelle: S Rosenheimer Platz

86 Wenn alle Brünnlein fließen

Heute ist es einfach: Wer Angst hat, mitten in der Stadt zwischen Cafés und Geschäften spontan zu verdursten, führt stets eine Plastikflasche mit Flüssigkeit mit sich. Was aber taten die Menschen früher, als Behältnisse aus Ton oder Glas und nicht eben leicht zu transportieren waren? Sie labten sich an einem der städtischen Trinkbrunnen. In Haidhausen blieb noch einer aus dem Jahr 1908 erhalten, in feinem Strahl läuft ständig Leitungswasser bester Qualität. Seit 1883 hängt München am Tropf des Tegernsees, das kühle Nass kommt aus der Mangfall, dem Abfluss des Sees, der dank einer Ringkanalisation Trinkwasserqualität hat. Nettes kleines Detail: Unten im Sockel des Brunnens befindet sich eine Zamperltränke.

Trinkbrunnen · Genoveva-Schauer-Platz · Haidhausen · Haltestelle: Tram 19 Wörthstraße

Dienstag u. Mittwoch
Dampfnudel mit
Vanillesosse 4.-
zum mitnehmen 4.90
im Café

Der Traum vom Eigenheim

*Was tut ein Bauernhaus mitten in Haidhausen, dem ehemaligen
Arbeiter- und Industrieviertel? Sonnengegerbtes Holz, überdachte
Balkone, Bankerl vor der Tür – hat der Deutsche Alpenverein sich
dieses Domizil erbaut? Ein pittoresker Gruß aus den Bergen als Teil
der Corporate Identity?*

Nein. Das Haus ist älter als sein Mieter, der DAV, der Kriechbaumhof ist
kein Zuwanderer vom Land, sondern ein typischer Haidhauser und der
letzte Überlebende seiner Art. Nur der Standort wurde 1985 beim Wie-
deraufbau des über 300 Jahre alten Holzgebäudes verändert, um es in die
Nähe der steinernen Zeitzeugen zu setzen. Wie das um 1800 am Rand
einer Kiesgrube erbaute Üblacker-Häusl war der Kriechbaumhof ein »Herbergsanwesen«. Die gab es, aus Holz oder Stein errichtet, zu Hunderten in
den Vorstädten. 1861 wurden sie zu zwei Dritteln von Tagelöhnern, Mau-
rern und Zimmerleuten bewohnt, mit der voranschreitenden Industrialisierung erhöhte sich der Anteil der Arbeiter.

Die Herbergsanwesen waren keine Mietshäuser, sie bestanden aus Teil-
eigentum, den Herbergen. Die wurden in diversen Formen zum Kauf angeboten: das ganze Stockwerk, eine kleine Wohnung, ein winziges Zimmer,
ein windiger, schuppenartiger Anbau. Auf engstem Raum lebten hier ganze
Familien. Jeder Eigentümer hatte seinen eigenen Zugang, und so gab es oft
mehr Türen als Fenster, wahnwitzige Leiterkonstruktionen führten zu Er-
kern und Verschlägen, die, je größer der Bedarf, angebaut und zum Kauf
geboten wurden. Die Herberge war die frühe Form der Eigentumswoh-
nung, der Grund gehörte allen, bestimmte Reparaturen mussten gemein-
sam ausgeführt werden. Kein Herbergsanwesen verfügte über Wasser-
anschluss, die Nachttöpfe wurden auf der Straße entleert, Fäkalien in Gruben gefüllt, die Abwässer gelangten in den Boden, aus dem das Trinkwas-
ser kam. Kein Wunder, dass die Menschen in den Herbergsvierteln starben
wie die Fliegen, wenn in der Stadt Epidemien herrschten.

Kriechbaumhof · Preysingstr. 71
Üblacker-Häusl · Herbergenmuseum des Stadtmuseums · Mi, Do 17–19, Fr, Sa 10–12 Uhr,
Preysingstr. 58 · Haidhausen · Haltestelle: Tram 19 Wörthstraße

Maria und Josef, ermordet von Josef

Auch wenn er Zeit und Ort mit dichterischer Freiheit behandelt, Kenner des »mörderischen« Münchens freuen sich über das kleine Detail, das Robert Hültner in seinen 1995 erschienenen Krimi einbaut. Er trägt den Titel Inspektor Kajetan und die Sache Koslowski und spielt im Jahr 1919.

Bei seinen Ermittlungen läutet der Inspektor bei Apfelböck. Ein schmächtiger junger Mann mit einer mädchenhaften Stimme öffnet. Es ist die falsche Adresse, aber Kajetan nimmt einen eigenartigen Geruch wahr: »Er erinnerte ihn an Wäsche, die in der Lauge zu faulen begann.« Der Geruch führte am 18. August 1919 zur Anzeige durch die Nachbarn. Als die Polizei die Wohnung in der Lothringer Straße 11 öffnete, fand sie zwei Leichen, über die bereits die Maden krochen. Fast drei Wochen waren Maria und Josef Apfelböck tot in der Wohnung gelegen, während ihr 16-jähriger Sohn Josef ungerührt neben den Kadavern lebte. Wenn Nachbarn fragten, was denn so seltsam rieche, erklärte er, es sei verdorbene Wäsche oder verwesendes Fleisch und legte zum Beweis die Eingeweide eines Stallhasen auf den Balkon.

> ▶ **Im Nebenhaus bietet Lothringer13** noch nicht etablierten Künstlern ein Forum, um mit experimenteller zeitgenössischer Kunst an die Öffentlichkeit zu treten. Ausstellungen, Lesungen, Videokunst. Di–So 11–19 Uhr.

Der Elternmord und vor allem die Teilnahmslosigkeit des Jungen – nach dem Motiv gefragt, gab er an, er habe einfach seine Ruhe haben wollen – beschäftigte damals ganz München, und der junge Bertolt Brecht verarbeitete den Fall in der Ballade *Apfelböck oder Die Lilie auf dem Felde* – auch er nahm sich einige dichterische Freiheiten: »In mildem Lichte Jakob Apfelböck/Erschlug den Vater und die Mutter sein/Und schloss sie beide in den Wäscheschrank/Und blieb im Hause übrig, er allein. … Und als sie einstens in den Schrank ihm sahn/Stand Jakob Apfelböck in mildem Licht/Und als sie fragten, warum er's getan/Sprach Jakob Apfelböck: Ich weiß es nicht.«

Tatort: Lothringer Str. 11 · Haidhausen · Haltestelle: S Rosenheimer Platz

Die Sucht des Selber-machens

Selbst wenn man sich auskennt als Heimwerker – um in der Wohnung ein Bett nach eigenem Design zu bauen oder Omas alten Sessel neu zu polstern braucht man Platz, die Nachbarn klagen über Lärm, und nach getaner Arbeit heißt es tagelang putzen und den Staub aus den Ecken wischen.

Und so landet auf dem Müll, was noch zu reparieren wäre, und das Bett im Schlafzimmer verbreitet Möbelmarkt-Monotonie. Das muss nicht sein, aber kaum jemand weiß, dass es in München einen Ort gibt, wo Bastler, Heimwerker und andere Kreative nach Herzenslust werkeln können – in fantastisch ausgestatteten Werkstätten, gegen einen geringen Obolus, mit oder ohne fachkundige Hilfe: das Haus der Eigenarbeit, kurz HEI genannt.

Holz, Metall, Textil, Keramik, Schmuck, Papier und Buchbinden – sieben Werkstätten sind in dem Rückgebäude in der Wörthstraße 42 untergebracht. Die HEI-Tec-Werkstatt mit den computergestützten Werkzeugmaschinen (CNC) darf man nur nach der Absolvierung eines Einführungskurses besuchen, in den anderen Räumen kann man einfach so arbeiten – die Werkstattnutzung kostet 6,40 Euro, mit Fachberatung 8,80 pro Stunde, im Zehnerpack wird's noch billiger. Man kann Werkzeug leihen, bei größeren Projekten lässt sich auch Beratung zu Hause vereinbaren – alles

▶ **An schönen Tagen ist auf dem Gehsteig vor der Weißenburger Straße 50 kein Durchkommen. Da stehen die Menschen Schlange oder schlecken Eis, denn »Il Gelato Italiano« macht das beste in Haidhausen.**

zu fairen Preisen. Das HEI wurde 1987 von einer gemeinnützigen Gesellschaft gegründet und versteht sich auch als soziale Einrichtung.

Wer gern mit den Händen arbeitet, sei allerdings gewarnt: der Suchtfaktor ist immens. Manch eine/einer kam nur hierher, um ein Brett zu sägen oder die Vorhänge zu kürzen, sah die Werkstätten, lernte im Werkstattcafé Gleichgesinnte kennen, besuchte Kurse und ist heute eine/einer der süchtigen Selbermacher im HEI.

Haus der Eigenarbeit HEI · Di–Fr 15–21, Sa 12–18 Uhr · Wörthstr. 42 Rückgebäude · Haidhausen
Tel. 089/448 06 23 · www.hei-muenchen.de · Haltestelle: S Ostbahnhof

Ein Brunnen findet seinen Platz

Es scheint, als seien sie von Künstlerhand füreinander geschaffen: der kreisrunde Platz, durch Linden abgeschirmt von der geschäftigen Weißenburger Straße und der verkehrsreichen Rosenheimer Straße, und der filigrane Brunnen, der sich inmitten liebevoll gestalteter Blumenrabatten erhebt.

Doch der runde Steinbrunnen mit seinen eleganten Säulen und Wasserschalen aus Eisenguss ist ein Zuwanderer, der erst im dritten Anlauf die Umgebung fand, für die er bestimmt zu sein scheint. Der Name Glaspalast-Brunnen verrät seine Herkunft: Er war Teil der Ausstellungshalle, die 1854 im Alten Botanischen Garten errichtet wurde, ganz im Stil der Zeit – London hatte einen Crystal Palace, New York ebenso, da konnte München nicht zurückstehen. Denn König Maximilian II., der Sohn Ludwigs I., hatte sich vorgenommen, der »Kunststadt« auch im Bereich Wissenschaft und Technik Reputation zu verschaffen und holte aus ganz Deutschland bedeutende Männer an die Isar. So wirkten hier z.B der Chemiker Justus von Liebig, Carl von Linde, der Erfinder der Kältemaschine, und auch Literaten wie der spätere Nobelpreisträger Paul Heyse.

▶ **Hausgemachte Suppen aus frischem Gemüse und ohne Bindemittel, Eintöpfe oder Chili con Carne – im »Spoon Up« am Weißenburger Platz 5 kann man gut und preisgünstig essen. Die Süßspeisen sind eine Sünde wert.**

Der König war es auch, der die »Erste allgemeine deutsche Industrieausstellung« an die Isar holte, für sie erbaute August von Voit den Glaspalast und auch den Zierbrunnen. Der blieb allerdings nicht lange im Alten Botanischen Garten, 1875, vier Jahre nach der Eröffnung des Ostbahnhofs, wurde er auf dem Orleansplatz aufgestellt. Dort stand Voits Meisterwerk fast 100 Jahre lang recht verloren im Bahnhofsgetöse. Erst mit dem erneuten Umzug auf den Weißenburger Platz 1974 und dessen Umgestaltung zur verkehrsberuhigten Zone fand er ein Fleckchen, wo er seine ganze Schönheit entfalten kann.

Glaspalast-Brunnen · Weißenburger Platz · Haidhausen · Haltestelle: S Rosenheimer Platz

Die Trambahnschienen-ritzenreinigerin

Die »Trambahnschienenritzenreinigungsdame« zählt zu den Para-derollen der Schauspielerin Ida Schumacher, die – ordinär und kra-chert – mit der Bemerkung, dass sie »eine Dame« sei, immer große Heiterkeit erzielte. Schumachers Denkmal steht auf dem Viktua-lienmarkt, das ihres Alter Ego an der Einsteinstraße.

»In meinem Beruf war ma ja glatt herg'schenkt, wenn mia uns aills g'falln lassn dadn.« Kämpferisch tritt sie auf, die Trambahnritzenreini-gungsdame, fürchtet weder ihren Chef noch die Trambahner. Wenn sie am »schönsten Räumen« ist und den Verkehr blockiert und der Trambahner schreit: »Konnst jetzt du net aus'm Gleis rausgeh?« Kontert sie: »I scho, aber du net!« Mit solchen Scherzen konnte man in den 1950er-Jahren, als Ida Schumacher ihre Erfolge feierte, noch den Saal zum Toben bringen.

Die Realität der Trambahnschienenritzenreinigerinnen – so ein Wort kann es nur im Deutschen geben! – sah anders aus. Die Frauen arbeiteten 12 bis 13 Stunden bis 4 oder 5 Uhr morgens. Mit an Stangen befestigten Eisenspitzen kratzten sie die Schienen aus und räumten die Weichen. Unfälle waren häufig: Im Licht der damals schwachen Autoscheinwerfer zeichneten sich die dunkel gekleideten Arbeite-rinnen kaum ab. Bis 1935 wurden die Schienen von Hand geputzt, und zwar nur von Frauen, die natürlich schlecht bezahlt waren. Die männlichen Streckenarbeiter verdienten das Doppelte.

▶ **Über die Geschichte des öffentlichen Verkehrs in München, von der Pferde-bahn bis zu U- und S-Bahn, informiert das MVG Museum in Giesing (Ständlerstr. 20, So 11–17 Uhr, www.mvg-mobil.de).**

Eigentlich erstaunlich, dass man diese »Klei-nen Leute« für denkmalwürdig hielt. Aber sie fanden ihren Platz. 1926 wurde an der heutigen Einsteinstraße ein neuer Betriebshof für die Tram-bahn errichtet. Die vorgelagerte Wohnhausgruppe überstand den Krieg, und so blieb die Erinnerung: An der Ecke zur Seerieder Straße, oben in die Haus-wand eingelassen, kann man eine Trambahnschienenritzenreinigerin sehen.

Denkmal der Trambahnschienenritzenreinigerin
Wohnblock Einsteinstr. 54–62/Ecke Seerieder Str. · Haidhausen
Haltestelle: U Max-Weber-Platz

Gärten mit Giftpotenzial

»Hier, der Giftgarten, da bin ich oft hin. Der hat mich inspiriert«,
sagte der in München lebende Autor Hans Pleschinski in einem In-
terview. Die Inspiration floss in den Roman Ludwigshöhe, *der in*
einem Hospiz spielt, in dem Selbstmördern der Freitod ermöglicht
werden soll.

Mitgenommen habe er nichts, beteuert Pleschinski, und das darf man auch nicht. Aber die Informationen haben bestimmt schon manches Elternpaar dazu veranlasst, mit der Kettensäge durch den heimischen Garten zu toben und alles zu entfernen, was beim Nachwuchs »Erbrechen mit Leibschmerzen, Durchfall, Schwindel, zunehmende Kreislaufschwäche mit lebensbedrohlichen Herzrhythmusstörungen, Krampfanfälle« hervorrufen kann, wie die Pflanzenteile der Eibe. Das Gift wirkt natürlich nicht nur bei Kindern, aber Erwachsene beißen eher selten in die Nadeln des Baums. Doch auch sie können im Giftpflanzengarten lernen – es ist erstaunlich, welch tödliches Potenzial in manchen Pflanzen steckt, die die Natur mit ausgefallener Schönheit versehen hat. Und wie leicht Bärlauch und Maiglöckchen zu verwechseln sind – erwischt man die falschen

▶ **Die Giesinger haben nicht nur ihren privaten botanischen Garten, sondern seit 1847 auch ihr eigenes Freibad: Das Schyrenbad liegt in einem großen Park mit altem Baumbestand (Claude-Lorrain-Str. 24).**

Blätter, führt der Genuss des Frühjahrssüppchens zu Übelkeit, Erbrechen, Durchfall und Herzrhythmusstörungen.

Der Giftgarten ist der einzige Themengarten der städtischen Baumschule, der Ästhetik mit Gruselfaktor verbindet. Die übrigen – Rosen-, Duft-, Flieder-, Tastgarten – laden zum reinen Genuss mit allen Sinnen ein. Flieder und Pfingstrosen im Frühjahr, mehr als 1000 blühende Rosen im Juni und Juli, Sträucher und Gehölze, die im Herbst für Farbenpracht sorgen – die Giesinger haben ihren eigenen botanischen Garten, weniger bekannt als der in Nymphenburg, aber auch weniger überlaufen.

Themengärten der städtischen Baumschule Bischweiler · April–Sept. Mo–Fr 7–21, Sa, So 9–21 Uhr, Okt.–März Mo–Fr 7–18, Sa, So 9–18 Uhr · Sachsenstr. 2 · öffentliche Führungen Tel. 089/62 17 14 42 · www.muenchen.de · Haltestelle: U Kolumbusplatz

93

Vorstadtschmuckstücke

Gassen sind schmal, verwunschen, kleine Ruhepole im geschäftigen Geschehen. Das Wort evoziert Romantik, die alte Zeit, vom Gässchen aus betrachtet, wird »gut«. Die Verbindung zwischen Tegernseer Landstraße und Unterer Grasstraße hätte diese Bezeichnung verdient, aber sie trägt den Titel Straße.

Mit etwa 100 Metern Länge und sechs Metern Breite behauptet sich die Kiesstraße im Stadtplan, ihre Nachbarinnen, die Obere und die Untere Grasstraße, bringen es auf acht Meter Breite. Steinpflaster, geduckte, ein- bis zweistöckige Wohnhäuser mit kleinen Gärten – man glaubt sich aus der Zeit gefallen, wenn man durch die Feldmüllersiedlung spaziert: In der Tegernseer Landstraße tobt der Verkehr, auch in Giesing haben die Immobilienpreise Rekordmarken erreicht, und hier blieb ein Stückchen Vorstadt mit Herbergen aus der Mitte des 19. Jahrhunderts erhalten.

Haidhausen, die Au, Giesing – das waren die Vorstädte, und so idyllisch die liebevoll restaurierten Häuser in der Feldmüllersiedlung heute wirken, das Leben der Handwerker, Tagelöhner und Kleingewerbetreibenden entbehrte jeder Romantik. Obwohl die Bewohner dieser Siedlung im Vergleich zu den anderen Vorstädtern das große Los gezogen hatten: Herbergen durften üblicherweise nur auf wertlosem Grund, in aufgelassenen Kies- oder Lehmgruben, errichtet werden, die Menschen lebten in feuchten Löchern unter haarsträubenden hygienischen Bedingungen. Das Land, das Therese Feldmüller verkaufte, fiel nicht in die Kategorie wertlos. Um ihren Lebensunterhalt zu bestreiten, durfte sie es Parzelle um Parzelle an »kleine Leute« verkaufen. Mit Erlaubnis von König Ludwig I., der sich damit als erster Herrscher städteplanerisch um das Wohl der Minderbemittelten kümmerte. Dass die Häuser erhalten blieben und sich heute als Schmuckstückchen präsentieren, ist der Stadt zu verdanken. Sie erwarb die Objekte, verkaufte sie an Giesinger Handwerker und stellte finanzielle Mittel zur Sanierung bereit.

Feldmüllersiedlung · Aignerstraße, Untere-, Obere Grasstraße, Kiesstraße, Gietlstraße · Giesing
Haltestelle: U Silberhornstraße

Else
Moshammer
*21.1.1908
+10.8.1993

Rudolph
Moshammer
*27.9.1940
+14.1.2005

Letzte Ruhe für Mosi und seine Schützlinge

Wenn der Ausdruck, in Verbindung mit einer letzten Ruhestätte gebracht, nicht etwas schräg wirken würde, könnte man die Klientel des Ostfriedhofs als »bodenständig« bezeichnen. Will sagen, die Promidichte ist gering, den meisten, die hier in Frieden ruhen, setzte die Nachwelt keine pompösen Monumente.

Selbstverständlich liegen auch im Ostfriedhof Menschen, deren Namen man kennt, wie der Schlagersänger Rex Gildo, der Komponist Friedrich Hollaender oder der Schriftsteller Carl Amery. Aber es sind jene, denen man »Nähe zum Volk« attestieren möchte: Bürgermeister, wie der beliebte Thomas Wimmer, Volksschauspieler, wie Erni Singerl, und der Wiesnwirt und »Bayerische Herkules« Steyrer Hans, der mit einem Finger einen 385 Pfund schweren Stein lupfen konnte. Menschen, die im Leben ihren Auftritt hatten, aber im Tod nicht protzen wollen. Nur einer tanzt aus der Reihe. Zehn Meter hoch ist das Mausoleum, das er errichten ließ, als seine Mutter starb und das, früher als erwartet, zu seiner eigenen Grablege wurde: Rudolph Moshammer fiel im Januar 2005 einem Mord zum Opfer. Messe in der Allenheiligen-Hofkirche der Residenz mit Public Viewing, Trauerzug vorbei an der Boutique des exzentrischen Modemachers – 15 000 Menschen säumten die Maximilianstraße.

Von den Promis, die sich gern mit dem Münchner Original – Markenzeichen schwarze Perücke, Schoßhund Daisy und Rolls-Royce – geschmückt hatten, kamen nur wenige zur Beerdigung. An dem Wochenende traf sich die Schickeria beim Hahnenkammrennen in Kitzbühel. Es waren die sogenannten einfachen Leute, die ihren Mosi begleiteten, der sich zeitlebens sozial engagiert hatte, vor allem für Obdachlose und Alkoholkranke. Er unterstützte unter anderem auch die Straßenzeitung *BISS* und wird sich sicher posthum darüber freuen, dass *BISS* drei Gräber am Ostfriedhof für die Mitarbeiter gekauft hat. Für Menschen, die im Leben keine feste Bleibe hatten, ist es beruhigend zu wissen, wo sie ihre letzte Ruhe finden.

Ostfriedhof · Nov.–Febr. 8–17, März 8–18, April–Aug. 8–20, Sept.–Okt. 8–19 Uhr
Sankt-Martins-Platz · Obergiesing · Moshammer-Mausoleum: Gräberfeld 16
Haltestelle: Tram 17 St.-Martins-Platz

95 Geiselbefreiung in Ramersdorf

Wenn man sich ansieht, mit welchen Aufgaben Gott den »Münchner im Himmel« betraut – frohlocken und Hosianna singen soll er, der Aloisius –, möchte man meinen, der Beruf Engel sei recht eintönig und nicht erstrebenswert. Stimmt nicht, wie ein Votivbild in der Ramersdorfer Kirche St. Maria zeigt.

Sie halten Marias Krone und ihren Mantel, sie kuscheln sich an die Gottesmutter, als niedliche Putten mit Herzchenketten tanzen sie um eine Gruppe von Männern herum – aber sie können auch anders: In der Mitte des Bildes sind die Heerscharen in martialischer Mission unterwegs, mit gespannten Armbrüsten fliegen sie auf eine Zeltstadt zu, ein Pfeil hat sich schon gelöst und wird sie bald treffen die Ketzer, die Feinde des wahren Glaubens, die Lutherischen.

Historisch ist das nicht korrekt. Kein Pfeil traf die Truppen, die 1632 angeführt vom Schwedenkönig Gustav Adolf einmarschierten. Die Münchner konnten sich nicht wehren, sie waren zu faul gewesen, ihre Stadtmauer zu vollenden, ihre Bürgerwehr hatte keine Chance gegen das Söldnerheer. Also blieb nur, um Gnade zu betteln, und die hatte ihren Preis. Auf 300 000 Reichstaler ließ Gustav Adolf sich herunterhandeln, die mussten die Münchner aufbringen, um ihre Stadt vor der Zerstörung zu retten. Jeder wurde zur Kasse gebeten, sogar Knechte und Mägde, doch nicht mal 100 000 Taler kamen zusammen. Und so forderte der Schwede bei seinem Abzug Geiseln, 42 angesehene Männer, weltliche und geistliche, wurden nach Augsburg gebracht, wo sie »drei ganze Jahre weniger 2 Monate, als arm Gefangene darin ganz mühseelig versaßen«, wie die Inschrift unter dem Matthias Kager zugeschriebenen Bild verkündet. Das zeigt die Geiseln, die dankbar nach oben blicken zu ihrer Erretterin Maria. Der, und nicht ihren Mitbürgern verdankten die Männer ihr Leben: Als die Schweden das Kriegsglück verließ und sie bei Nördlingen eine Niederlage einstecken mussten, hatten die Münchner ihre Schuld noch immer nicht beglichen.

Kirche St. Maria
Das Bild ist im Hochaltar zu sehen, der Kirchenraum ist während des Gottesdienstes zugänglich
Aribonenstr. 9 · Ramersdorf · Haltestelle: Bus 55, 155 Ramersdorf

Schöner wohnen im Nationalsozialismus

München wuchs aus vielen Dörfern zusammen. Aber nur ein einziger Stadtteil trägt seine ländliche Vergangenheit im Namen. Jeder ist schon mal durchgefahren. Wer von der Innenstadt nach Salzburg unterwegs ist, kommt unweigerlich durch Ramersdorf. Aber kaum jemand kennt das Viertel wirklich.

Abweisend und geschlossen wenden sich die Häuserfronten zur Rosenheimer Straße. Vielspurig schneiden der Mittlere Ring und die Bad-Schachener-Straße durchs Viertel, wie ein Anachronismus steht die alte Kirche auf einer verkehrsumtosten Insel. Ramersdorf gehört nicht zu den Filetstücken auf dem Münchner Immobilienmarkt. Zu wenig Grün, zu viele Sozialwohnungen, zu viel Verkehr. Ein ehemaliges Industrie- und Arbeiterviertel ohne Gentrifizierungspotenzial. So wirkt es zumindest von außen.

Aber der Eindruck täuscht. Zwischen den Schnellstraßen liegen idyllische Inseln, Wohngegenden, in die man sofort ziehen würde, wenn man »der Oma ihr klein's Häuschen« dort erbte. Wie das Areal zwischen der Frauen- und der Herrenchiemseestraße. Puppenhäuser, liebevoll gepflegt in kleinen Gärten mit alten Bäumen, zwischen denen immer wieder der Zwiebelturm der Ramersdorfer Kirche durchblitzt. Grünanlagen, Ruhe, die nur von bellenden Hunden oder spielenden Kindern gestört wird – wenn man hier spaziert, wähnt man sich fernab der Millionenstadt.

Die Anlage wurde von den Nationalsozialisten als Mustersiedlung für den Mittelstand errichtet – in bewusstem Kontrast zu den tristen Genossenschaftsbauten, in denen die Arbeiter lebten. Innerhalb kürzester Zeit entstand eine Gartenstadt mit 192 Einfamilienhäusern in 34 unterschiedlichen Bautypen, die im Rahmen der »Deutschen Siedlungsausstellung« 1934 präsentiert wurde, nach deren Ende wurden die Häuser verkauft. Auch das nächste Kapitel in der Stadtgeschichte hat in Ramersdorf Spuren hinterlassen: 1949 entstand nördlich der Wilramstraße die Amerikanersiedlung, in der die Familien der Besatzer lebten.

Mustersiedlung · zwischen Frauenchiemseestr. und Herrenchiemseestr. · Ramersdorf
Haltestelle: Bus 55, 155 Ramersdorf

Leben im Schaufenster –
das Heim der Schmolche

Schon mal einen Schmolch gesehen? Bestimmt nicht, das sind scheue Wesen, die sich ungern zeigen. Nur dem Künstler Steffen Schuster ist es gelungen, ihr Vertrauen zu erwerben, und seitdem tauchen sie in verschiedenen Stadtvierteln auf. Ihr Familiensitz aber liegt in der Messestadt Riem.

Die 18-köpfige Familie bewohnt eine Fläche von 85,76 Quadratmetern, zahlt keine Miete, muss dafür aber auf Privatsphäre verzichten. Jedes Zimmer ihres vierstöckigen Hauses ist einsehbar, ungeschützt vor neugierigen Blicken gehen sie ihrem Alltag nach. Der Maler steht konzentriert vor seiner Staffelei, die Mutter trägt den Topf zu den Kindern, die schon am Tisch sitzen, die Löffel in der Hand. Zwei Schmolche unterhalten sich von Fenster zu Fenster, gerüstet mit Schirm und Handtasche bricht die Großmutter zum Stadtbummel auf, aneinandergeschmiegt sitzt ein junges Pärchen auf der Balustrade. Und auch der stille Genießer, der in seinem Kämmerchen ein Glas Wein trinkt, tut das vor den Augen aller.

Schmolche, so nannte die Familie Schuster ihre Kinder, als sie klein waren. Und diesen Namen gab der Künstler auch seinen Fabelwesen, die in dem Wandrelief in der Helsinkistraße 8 leben. Das Motto »Miteinander wohnen, miteinander leben« bildnerisch umzusetzen war die Aufgabe, die die Wohnungsbaugenossenschaft dem Künstler stellte. Dieses »Miteinander« gelingt in der Messestadt Riem, in der rund 13 000 Menschen aus 111 Nationen leben.

Nicht gelungen ist der ehrgeizige Plan, in diesem Neubauviertel eine »ausgewogene und heterogene Bevölkerungsstruktur« zu schaffen, trotz der Anreize, mit denen die Stadt Besserverdienende zu locken suchte. Ein Bericht des Sozialreferats aus dem Jahr 2013 belegt, dass Riem eklatant vom städtischen Durchschnitt abweicht: über 600 Prozent mehr Sozialwohnungen, 300 Prozent mehr Kinder. Die Statistik kann stimmen: Allein in der Schmolchfamilie leben neun Mädchen und Buben.

Schmolche, Messestadt Riem · Helsinkistr. 8, Tordurchgang · Riem · Haltestelle: U Messestadt West

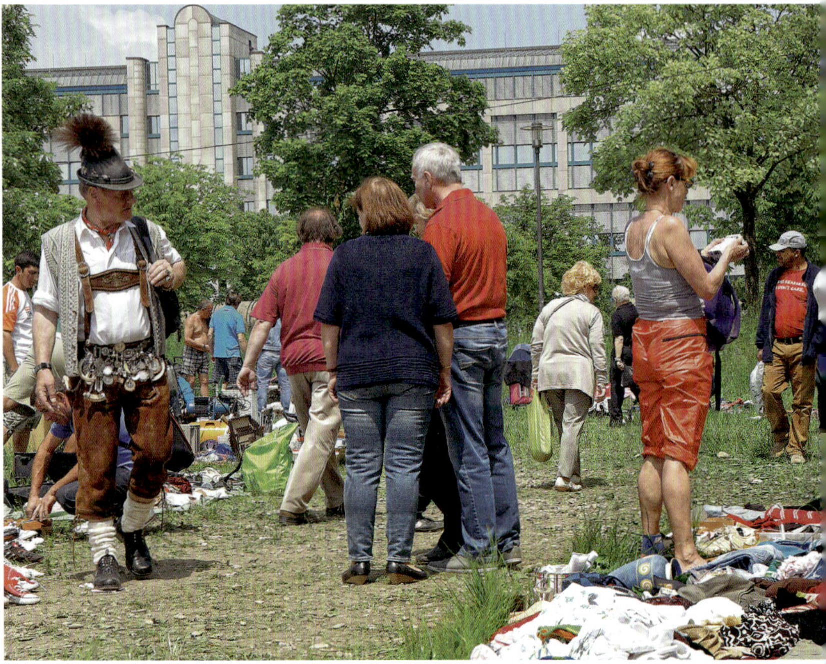
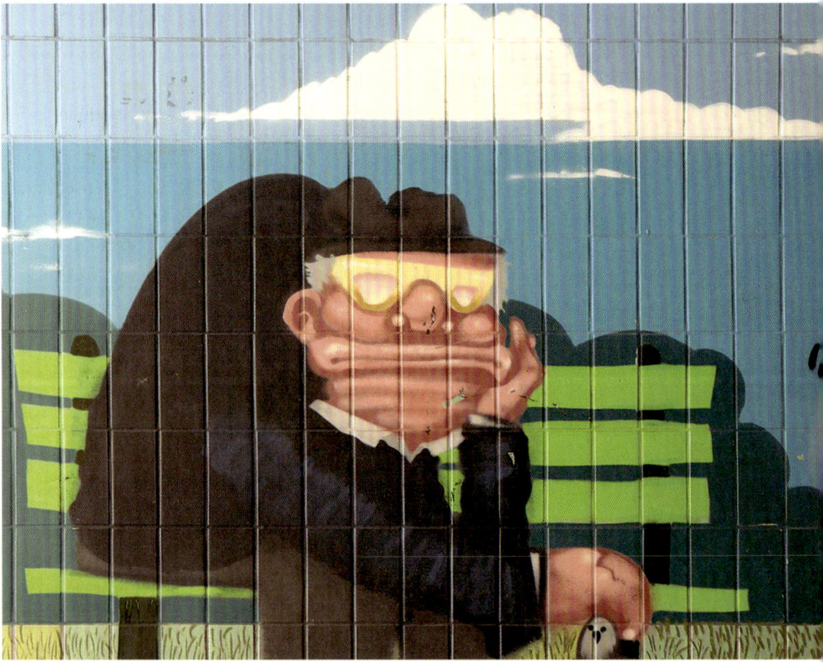

Oben und unten bunt: Neuperlach

98

Als Trabanten bezeichnet man einen Himmelskörper, der in einer Umlaufbahn ein anderes Objekt umkreist. In den 1960er-Jahren griffen die Stadtplaner diesen Begriff auf und bauten sogenannte Trabantenstädte. In München waren drei geplant, die ihre Bahnen im Umkreis der Hauptstadt ziehen sollten.

Realisiert wurde nur Neuperlach. Ab 1967 entstanden innerhalb von 25 Jahren fast 23 000 Wohnungen mit Einkaufsmöglichkeiten, Dienstleistungszentren, Schulen, Kirchen, Sportanlagen, Parks – kurz, mit allem, was ein eigenständiger urbaner Trabant braucht. Das Material der Zeit war Sichtbeton, die jungen Bäume trugen nicht viel Grün – Neuperlach erhielt bald das despektierliche Attribut »grau«, und das wird es bis heute nicht los. Die Bewohner des Viertels ärgern sich über dieses Stereotyp. Zu Recht. Der Stadtteil ist in den Jahrzehnten eingewachsen, die Bäume erfüllen ihre grüne Pflicht, und die Häuser, über die gerade eine Renovierungswelle hinwegläuft, werden so quietschbunt gestrichen – himmelblau, rinderblutrot, honiggelb –, dass sich manche fragen, ob dies wirklich der Königsweg sei: von grauen Schachteln zu bunten Bonbonnieren?

▶ **Es muss nicht immer der Kleinhesseloher See sein – auch im Ostpark gibt es einen Biergarten mit Restaurant am See. Netter Service, gutes Essen. Feichtstr. 10, 10–24 Uhr, U 5 Michaelibad**

Bunt treiben es auch die Künstler im Untergrund, freilich nicht illegal, sondern mit Genehmigung der Stadt. Das Baureferat zahlte die Materialkosten, bei der Wahl der Themen hatten die Neuperlacher Graffitikünstler Robert Posselt und Samuel Feustel freie Hand. Und so verwandelten die beiden die ehemals triste Unterführung an der Heinrich-Wieland-Straße 2012 in ein Bilderbuch, das Geschichten aus dem Viertel erzählt. Das ältere Ehepaar, das dem Betrachter den Rücken zuwendet, mag sich vielleicht noch an die Anfänge der Trabantenstadt erinnern: Die Treppe führte früher aus der Unterführung zur Trambahnhaltestelle.

Unterführung Heinrich-Wieland-Straße · Neuperlach
Der Fuß- und Radweg führt vom Marxzentrum zur U-Bahn · Haltestelle: U Quiddestraße

Ausgebuchteter Schneckenkäfer und Borsige Bergminze

Die Dame trägt einen prachtvollen Namen – Andrena apicata, *aber ihre Adresse klingt nicht nobel: Kiesgrube Roth. Doch Andrena fühlt sich wohl hier. Kein anderer Ort in München bietet der auentypischen Sandbienenart die Umgebung, in der sie wachsen und gedeihen kann. Und nicht nur sie.*

Andrena lebt in einer Wohngemeinschaft mit dem Gelbwürfeligen Dickkopffalter, dem Ausgebuchteten Schneckenkäfer und dem Flussufer-Haarahlenläufer – Getier, das man allein schon wegen seines Namens schützen möchte. Ebenso wie den Späten Roten Augenzahn oder die Borsige Bergminze, zwei der 160 Pflanzenarten, die in der Kiesgrube Roth gezählt wurden, sechs von ihnen stehen auf der Roten Liste. Auch unter den 30 Vogelarten findet man gefährdete Exemplare wie den Zwergtaucher

Diese Vielfalt von Flora und Fauna brachte dem ehemaligen Abbaugebiet Anfang der 1980er-Jahre den Status eines Biotops. Damals musste die Kiesgrube, die seit den 1930er-Jahren an diesem Standort angesiedelt war, schließen. Immissionsschutz, sagte die Stadt, Lärm, Staub, Belastung des Grundwassers. Nun stand eine ansehnliche Fläche zur Verfügung, und das weckt auf dem teuren Münchner Immobilienmarkt immer Begehrlichkeiten. Auch in diesem Fall stritten und prozessierten die Stadt und der Eigentümer, und diese Zeit nutzte die Natur, um das zu tun, was sie am besten kann, wenn man sie lässt: sich entfalten. Sie eroberte sich das Gelände in derart beeindruckender Weise zurück, dass es schließlich zu einer Einigung kam. Die Kiesgrube Roth ist Privatbesitz, aber als »freie Natur« offen zugänglich – ein wunderschönes Fleckchen mit einem Weiher im weitgehend von Fichtenmonokultur geprägten Truderinger Wald. Um die Einzigartigkeit – die Wiederbesiedlung einer offenen Kiesfläche – zu erhalten, muss der Mensch übrigens eingreifen. Täte er das nicht, würde die Natur weiter erobern, verbuschen und schließlich zu Wald werden. Und dann hätten Andrena und ihre Freunde ihren Lebensraum verloren.

Kiesgrube Roth · Putzbrunner Straße 195 · Waldperlach · Haltestelle: Buss 55 Im Gefilde

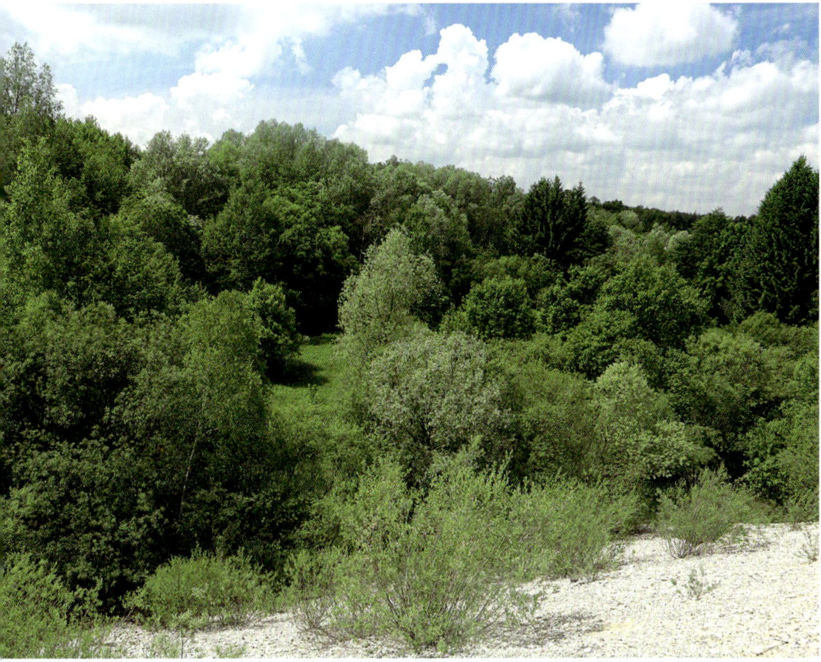

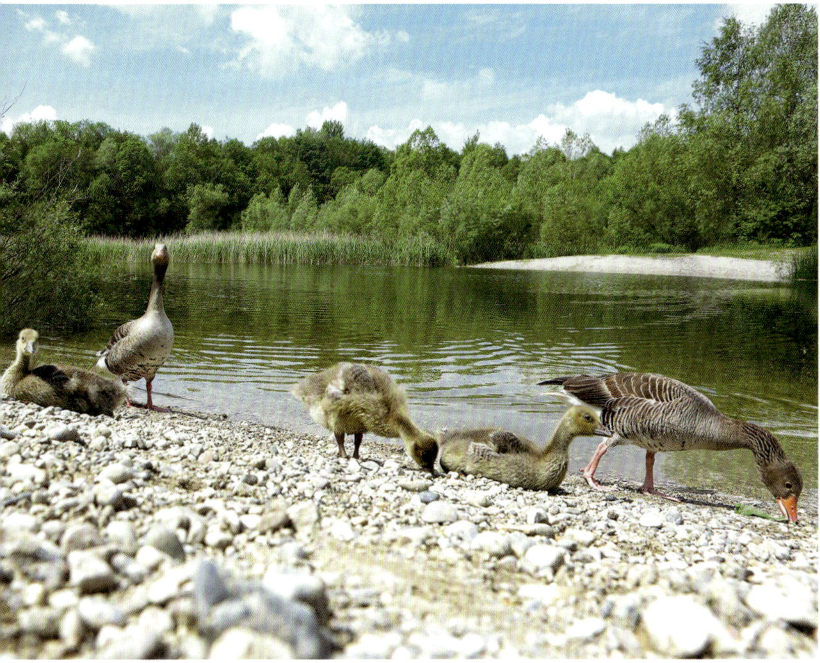

Register

Entspannung

Überraschungen

Produktmanagement: Ulrich Jahn
Lektorat: Dr. Juliane Braun, München
Satz/Layout: graphitecture book & edition, Bernau
Repro: Repro Ludwig, Zell am See
Umschlaggestaltung: Karin Vollmer
Kartografie: Kartographie Huber, Heike Block, München
Herstellung: Bettina Schippel
Printed in Slovenia by Korotan

Sind Sie mit diesem Titel zufrieden? Dann würden wir uns über Ihre Weiterempfehlung freuen.
Erzählen Sie es im Freundeskreis, berichten Sie Ihrem Buchhändler, oder bewerten Sie bei Onlinekauf.
Und wenn Sie Kritik, Korrekturen Aktualisierungen haben, freuen wir uns über Ihre Nachricht an Bruckmann Verlag, Postfach 40 02 09, D-80702 München oder per E-Mail an lektorat@verlagshaus.de.

Unser komplettes Programm finden Sie unter 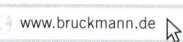 www.bruckmann.de

Bildnachweis: Alle Bilder von Franz Marc Frei, München, außer: Völkerkundemusem München, Marietta Weidner: S. 59; Oliver Mohr/Talbot Runhof: S. 119

Umschlagvorderseite: Julia-Statue auf dem Marienplatz: Zyankarlo/shutterstock.com; Schattenriss Schwan: GRei/shutterstock.com
Die Deutsche Nationalbibliothek verzeichnet diese Publikation in der Deutschen Nationalbibliografie; detaillierte bibliografische Daten sind im Internet über http://dnb.d-nb.de abrufbar.

ISBN 978-3-7654-6974-9